对外汉语短期强化系列教材
A series of Chinese textbooks for short-term intensive training programs for foreigners

SHORT-TERM READING CHINESE

第二版
2nd Edition

汉语阅读速成

提高篇
Pre-Intermediate

郑蕊■编著

北京语言大学出版社
BEIJING LANGUAGE AND CULTURE UNIVERSITY PRESS

图书在版编目（CIP）数据

汉语阅读速成. 提高篇 / 郑蕊编著. -- 2 版. -- 北京 : 北京语言大学出版社, 2011.4（2025.1 重印）
（对外汉语短期强化系列教材）
ISBN 978-7-5619-3005-2

Ⅰ. ①汉… Ⅱ. ①郑… Ⅲ. ①汉语－阅读教学－对外汉语教学－教材 Ⅳ. ①H195.4

中国版本图书馆 CIP 数据核字(2011)第 064422 号

汉语阅读速成・提高篇
HANYU YUEDU SUCHENG・TIGAO PIAN

责任编辑：于　晶　　尹晗羽
责任印制：周　燚

出版发行：北京语言大学出版社
社　　址：北京市海淀区学院路 15 号，100083
网　　址：www.blcup.com
电子信箱：service@blcup.com
电　　话：编 辑 部　8610-82303647/3592/3395
　　　　　国内发行　8610-82303650/3591/3648
　　　　　海外发行　8610-82303365/3080/3668
　　　　　北语书店　8610-82303653
　　　　　网购咨询　8610-82303908
印　　刷：北京富资园科技发展有限公司

版　　次：2011 年 5 月第 2 版　　印　　次：2025 年 1 月第 9 次印刷
开　　本：787 毫米×1092 毫米 1/16　　印　　张：8.75
字　　数：132 千字
定　　价：38.00 元

PRINTED IN CHINA

修订说明

作为“对外汉语短期强化系列教材”的组成部分，《汉语阅读速成》系列教材自2002年出版以来，以其系统、明快的形式和注重课堂教学实效的内容，受到海内外汉语教学界的普遍欢迎，被北京语言大学汉语速成学院以及国内外其他院校和自学者广泛采用。2002年出版的《汉语阅读速成》共4册，包括《基础篇》、《提高篇》、《中级篇》和《高级篇》，2004年又补充编写了《入门篇》，从而形成了《汉语阅读速成》从初级到高级共5册的阶梯式教材系列。

《汉语阅读速成》系列教材出版八年来，中国的社会状况有了很大的变化，新闻媒体和公众关注的热点问题在不断更新，需要以一些新的内容和词汇来替代教材中已经过时的、旧的内容和词汇，以增强教材的时效性和教学的实用性。在教材使用过程中，我们也发现，在课文、注释和练习等环节有某些不妥之处。因此我们对教材进行了认真的修订。这次修订保持了2002年版的整体框架和基本特色，同时力求使修订后的教材能适应汉语国际推广的形势，在更高的水准上满足海内外从事汉语教学（尤其是短期强化教学）的教师和学习者的需要。

编　者

2010年12月

前 言

本教材是《汉语阅读速成》系列课本的提高篇，是整套教材的第三个台阶。

《汉语阅读速成》是一套供短期进修和速成课程使用的，以提高汉语阅读技能为目的的阶梯式、组合式系列教材，同时也是《汉语口语速成》系列和《汉语听力速成》系列（北京语言大学出版社出版）的配套教材。全套教材共分5册——《入门篇》、《基础篇》、《提高篇》、《中级篇》和《高级篇》，教材难度相当于汉语水平等级考试的2~5级。每册教材设12课，供暑期进修班或6~10周的短期班使用。

所谓阶梯式是指各分册具有较明显的等级特征，词汇和语言点都参照相应的汉语等级标准。所谓组合式是指各分册可组合起来，供学习时间较长的进修生使用。比如，将第一二分册、第二三分册、第三四分册或第四五分册两两相组合，可分别供半年制（即一个学期）相应等级的教学班使用。全套五个分册构成一个相对完整的系统，力求在对学生阅读技能的培养和提高方面有所突破。

本套教材的编写根据短期生的特点，以增强学生对汉语篇章和段落的阅读理解能力为主，细读和快读结合，并在练习编写中将中高级HSK阅读部分的典型题型融入其中；在较短的学习时间内使学生接触尽可能多的汉语书面语的典型篇章，熟悉其中常用词语和句式的用法，引导学生学会运用与提高阅读效率有关的阅读策略（如预测、选择、推断等），以增强阅读理解能力。教材所选课文不仅题材广泛、风格多样，而且对当代中国社会生活各方面的话题、热点问题有较广泛的覆盖，有助于学生熟悉和掌握与语言学习相关的社会文化背景知识。

《汉语阅读速成》各册的基本编写体例如下：

每课基本都由细读部分和快读部分构成，两个部分各包含生词、注释、课文和练习等内容。

生词部分放在课文之前，便于学生课前进行预习，同时也是为了强调学生对生词的预习。生词部分前三册包括词表、拼音、词性和英文翻译，后两册包括词表、拼音、词性和中文解释。考虑到各册相对独立的特点，各册所出生词有一定数量的重复。

注释部分主要涉及典型书面语句式、重要词语用法、词语搭配和社会文化背景知识。

为适应相应的等级标准，本套教材第二版的课文大都作了一些改动，但除了《入门篇》之外，其他各册的课文一般不作过多的改写，允许一定程度的越级现象存在，使课文尽可能体现汉语书面语的典型面貌。中级阶段的课文短小精练，高级阶段的课文也不是太长，能集中体现和展示汉语文体的特点。每一分册的课文都对相应等级的词汇和语言点有较大比例的涵盖。无论是细读部分还是快读部分，本套教材的课文都标明了字数，并参照相应等级的阅读要求规定了阅读时间，每篇课文的答题时间是根据所给练习的量和难度而定的。《基础篇》每课后的补充课文，是针对短期生汉语水平差异较大的复杂情况而设定的，教师可以根据学生的具体情况灵活取舍。

练习部分体现阅读课的教学方式。练习一般紧紧围绕课文进行，突出对内容的理解，也可通过练习对重要书面语句式、词语的用法进行展示和强化，以便于学生掌握。练习形式力求灵活多样，部分练习形式模仿 HSK 中高级阅读部分的典型题型。

每册教材后面都有生词总表，标出每个生词的拼音、词性及所在课的课数，以备查阅。每册教材最后还附有部分练习参考答案，便于学生自行进行阅读训练。

我们对任课教师提出如下教学建议：

每课教学时间为 4 学时。前 2 学时用于细读部分的练习，对课文中重要句式、词语的讲练及对妨碍理解的难点的讲解；后 2 学时用于快读部分的练习，对课文难点的讲解。

为了突出阅读课的课型特点，提高课堂阅读练习的实效，课前只要求学生预习生词，不必预习课文，练习也都在课堂上的规定时间内完成，但要求学生课后进行认真复习。

鉴于短期留学生的复杂情况，教师在使用本套教材时可以有一定的灵活性，可根据学生的具体情况对做细读或快读练习的时间进行相应的调整。

编　者

目　录
Contents

第一课 Lesson 1

细读部分

生　词

1.	濒临	bīnlín	（动）	be close to
2.	环绕	huánrào	（动）	surround
3.	辽阔	liáokuò	（形）	vast
4.	高耸入云	gāo sǒng rù yún		towering
5.	壮观	zhuàngguān	（形）	grand, magnificent
6.	盆地	péndì	（名）	basin
7.	起伏	qǐfú	（动）	rise and fall
8.	和缓	héhuǎn	（形）	gentle, mild
9.	丘陵	qiūlíng	（名）	hill
10.	发源	fāyuán	（动）	originate
11.	横贯	héngguàn	（动）	traverse
12.	流域	liúyù	（名）	valley
13.	孕育	yùnyù	（动）	give birth to
14.	灿烂	cànlàn	（形）	brilliant, splendid
15.	乳汁	rǔzhī	（名）	milk
16.	浇灌	jiāoguàn	（动）	irrigate
17.	耕地	gēngdì	（名）	cultivated land
18.	哺育	bǔyù	（动）	nurture, foster

专　名

1.	欧亚大陆	Ōu-Yà Dàlù	Eurasia
2.	俄罗斯	Éluósī	Russia
3.	朝鲜	Cháoxiǎn	Democratic People's Republic of Korea
4.	青藏高原	Qīng-Zàng Gāoyuán	Qinghai-Tibet Plateau

注　释

1 **位于**：位置处在（某处）。如：

中国位于亚洲大陆东南部。

2 **一望无际**：一眼看不到边，形容辽阔。

3 **星罗棋布**：像星星、棋子似的罗列、分布着，形容多而密。

4 **举世闻名**：全世界都有名。

5 **发祥地**：（民族、文化）开始兴起的地方。如：

这里是中国古代文化的发祥地。

课　文

中国的地理环境

字数：517 字　　阅读时间：6 分钟　　答题时间：15 分钟

中国位于亚洲东部，太平洋西岸，全国陆地总面积约 960 万平方千米。中国背靠欧亚大陆，与蒙古、俄罗斯、朝鲜等 14 个国家国土相连；东南濒临太平洋，与日本、韩国等6个国家隔海相望。大陆的东部和东南部，从北到南，环绕着渤海、黄海、东海、南海，它们都是太平洋的一部分。

在中国辽阔的土地上，有高耸入云的山脉，雄伟壮观的高原，一望无际的平原，群山环抱的盆地，还有起伏和缓的丘陵。其中，山地面积占全国陆地总面积的33%，高原占26%，平原占12%，盆地占19%，丘陵占10%。

在中华大地上，流淌着千千万万条河流，还有星罗棋布的湖泊。由于整个陆地地势西高东低，因此许多大河都滚滚东流，其中有举世闻名的长江和黄河，它们都发源于青藏高原，横贯东西，流入大海。长江全长6300公里，是中国河流中最长、入海水量最多、流域面积最广的河流，是中国第一大河，也是世界著名大河之一。黄河长度在各大河中名列第二，全长5400公里，是中国第二大河。

中国人常常用“母亲”这一字眼来赞美长江和黄河。长江流域和黄河流域是人类文明的发祥地之一，她们孕育了伟大的中华民族和灿烂的中华文化。如今她们依然用乳汁般的河水浇灌着全国将近40%的耕地，哺育着全国将近一半的人口。

练　习

1. 根据课文内容选择正确答案：

（1）与中国国土相连的国家有：

A. 6个　　B. 8个　　C. 14个　　D. 21个

（2）在中国面积最大的地形是：

A. 盆地　　B. 高原　　C. 平原　　D. 山地

（3）平原和盆地占全部地形的：

A. 31%　　B. 12%　　C. 19%　　D. 69%

（4）中国的河流一般是：

A. 从东滚滚而来

B. 横贯南北

C. 自西向东流入大海

D. 从北到南环绕太平洋

（5）下面哪种说法正确？

A. 长江没有黄河长

B. 黄河比长江长一点儿

C. 黄河不比长江长

D. 黄河没有长江长

（6）为什么中国人常称黄河、长江为“母亲河”？

A. 因为她们孕育了中华民族和中华文化

B. 因为她们是中国当之无愧的大河

C. 因为中国人像爱母亲一样热爱黄河和长江

D. 因为她们用乳汁般的河水浇灌着中国多半的土地

2. 用适当的词语填空：

（1）中国（　　）亚洲东部，太平洋西岸。

（2）中国东南（　　）太平洋，与日本、韩国等 6 个国家（　　）。

（3）中国从北到南，（　　）着渤海、黄海、东海、南海，它们都是太平洋的一部分。

（4）在中华大地上，（　　）着千千万万条河流。

（5）长江和黄河都（　　）青藏高原，横贯东西，（　　）大海。

（6）黄河长度在各大河中（　　）第二，全长 5400 公里。

（7）长江和黄河（　　）了伟大的中华民族和灿烂的中华文化。

（8）如今长江和黄河（　　）用乳汁般的河水（　　）着全国将近 40%的耕地，（　　）着全国将近一半的人口。

3. 词语连线：

星罗棋布的	长江
高耸入云的	盆地
雄伟壮观的	丘陵
起伏和缓的	湖泊
一望无际的	山脉
群山环抱的	平原
举世闻名的	高原
灿烂的	文化

快读部分

生 词

1.	花卉	huāhuì	（名）	flowers and plants
2.	纬度	wěidù	（名）	latitude
3.	海拔	hǎibá	（名）	height above sea level
4.	野生	yěshēng	（形）	wild
5.	优越	yōuyuè	（形）	favourable
6.	廉价	liánjià	（名）	inexpensive
7.	劳动力	láodònglì	（名）	labor force
8.	优势	yōushì	（名）	superiority, advantage
9.	构成	gòuchéng	（动）	constitute, form
10.	产业	chǎnyè	（名）	industry

11.	考察	kǎochá	（动）	make an on-the-spot investigation
12.	感叹	gǎntàn	（动）	sigh with emotion
13.	品质	pǐnzhì	（名）	quality
14.	成本	chéngběn	（名）	cost
15.	强劲	qiángjìng	（形）	powerful, strong
16.	嘲笑	cháoxiào	（动）	laugh at
17.	可观	kěguān	（形）	considerable
18.	效仿	xiàofǎng	（动）	follow the example of
19.	投资	tóu zī	（动）	invest
20.	基地	jīdì	（名）	base

专 名

1.	荷兰	Hélán	the Netherlands
2.	化忠义	Huà Zhōngyì	name of a person
3.	以色列	Yǐsèliè	Israel

注 释

1 素有……之称：素，从来。一直具有某种称号。如课文里的句子：

这里素有“世界花园”的美称。

2 公顷：计量单位。1 公顷等于 10000 平方米。

课 文

花卉的王国——云南

字数：546 字　　阅读时间：3 分钟　　答题时间：12 分钟

云南地处低纬度高原地区，海拔从 70 多米到 6000 多米，形成了从热带到寒带的多样性气候。这里素有“世界花园”的美称，拥有 2500 多种野生花卉资源。世界各类名优花卉在云南都能找到适合生长的地方。除花卉资源丰富、气候条件优越两大优势以外，还有廉价土地和劳动力优势、地理优势等，构成了云南发展花卉产业的四大优势。

一位荷兰的花卉商人在考察了云南的花卉产业后，发出了“可爱而又可恨”的感叹。“可爱”的是，在云南可以种植世上最好品质、最低成本的鲜花；“可恨”的是云南花卉产业的兴起，将使世界花卉市场增加一个强劲的对手。

然而，在云南，花卉成为商品的历史并不算悠久。1982 年，昆明市郊区一位名叫化忠义的村民，受广州鲜花市场的启发，在自己的地里种植了 0.13 公顷的鲜花，遭到村民的嘲笑：“种这些不能吃的东西，真是个疯子！”

但化忠义用售花所得的可观收入，在全村第一个盖起了楼房、装上了电话，并在昆明市区购下房产。村民们终于相信“种花可以赚钱”，于是全村 187 公顷土地用于种花，家家都盖起了楼房，邻村的人见了也纷纷效仿。

现在，云南全省的鲜花种植面积已达 1000 多公顷，从事鲜花生产的企业有 80 余家，来自日本、美国、荷兰、韩国、以色列等国家和中国台湾省的 17 家花卉商在昆明投资建立了鲜花种植基地。

（选自《人民画报》，有改动）

练　习

1. 根据课文内容选择正确答案：

(1) 云南为什么气候多样？

A. 云南属于低纬度地区

B. 云南海拔很高

C. 云南地形多样

D. 云南位于低纬度的高原地区

(2) 云南为什么被称为“世界花园”？

A. 云南野生花卉资源相当丰富

B. 世界各类名优花卉在云南都能生长

C. 云南气候非常适合花卉生长

D. 云南的气候从寒带到热带，多种多样

(3) 云南发展花卉产业的四大优势除了花卉资源丰富和气候条件优越外，还有：

A. 土地和劳动力便宜、地理位置优越

B. 土地廉价、花卉种植历史悠久

C. 土地便宜、地理位置优越

D. 劳动力资源丰富、土地廉价

(4) 云南花卉产业的竞争力主要是：

A. 野生花卉资源相当丰富　　B. 气候条件十分优越

C. 物美价廉　　D. 拥有世界各类名优花卉

(5) 村民们为什么嘲笑化忠义？

A. 他是个疯子　　B. 他在种植花卉方面很外行

C. 他种的花卉不能吃　　D. 他想靠种花赚钱

2. 解释下列句中的画线词语：

（1）这里<u>素有</u>“世界花园”的美称，<u>拥有</u>2500多种野生花卉资源。

（2）世界各类<u>名优花卉</u>在云南都能找到适合生长的地方。

（3）除花卉资源丰富、气候条件优越两大优势以外，还有<u>廉价</u>土地和劳动力优势。

（4）在云南，花卉成为商品的历史并不算<u>悠久</u>。

（5）化忠义用售花所得的<u>可观</u>收入，在全村第一个盖起了楼房。

（6）<u>邻村</u>的人见了也<u>纷纷效仿</u>。

（7）云南全省的鲜花种植面积已达1000多公顷，<u>从事</u>鲜花生产的企业有80余家。

3. 选择恰当的词语填空：

（1）云南______低纬度高原地区，海拔从70多米到6000多米，______了从热带到寒带的多样性气候。

A. 处在　　B. 位置　　C. 地处　　D. 身处

A. 形式　　B. 形成　　C. 成为　　D. 变成

（2）这里______有“世界花园”的美称，______2500多种野生花卉资源。

A. 久　　B. 常　　C. 直　　D. 素

A. 具有　　B. 获得　　C. 具备　　D. 拥有

（3）世界各类______花卉在云南都能找到______生长的地方。

A. 有名　　B. 优秀　　C. 秀美　　D. 名优

A. 适合　　B. 合适　　C. 舒适　　D. 适度

（4）“可恨”的是云南花卉产业的兴起，______使世界花卉市场增加一个强劲的______。

A. 要　　B. 将　　C. 能　　D. 将要

A. 对象　　B. 对方　　C. 对手　　D. 选手

（5）然而，在云南，花卉______商品的历史并不算______。

A. 成为　　B. 形成　　C. 变化　　D. 作为

A. 长期　　B. 久久　　C. 悠久　　D. 遥远

（6）一位名叫化忠义的村民，______广州鲜花市场的启发，在自己的地里种植了 0.13 公顷的鲜花，______村民的嘲笑。

A. 受　　B. 得　　C. 获　　D. 据

A. 遇到　　B. 获得　　C. 遭到　　D. 碰到

（7）但化忠义用售花所得的可______收入，在全村第一个______起了楼房。

A. 见　　B. 视　　C. 看　　D. 观

A. 竖　　B. 盖　　C. 立　　D. 修

4. 想一想，说一说：

介绍一下你们国家的地理位置、地形特点和自然条件。

第二课 Lesson 2

细读部分

生 词

1.	耐人寻味	nài rén xún wèi		thought-provoking
2.	思考	sīkǎo	（动）	consider
3.	中意	zhòngyì	（动）	be to one's liking, take a fancy to
4.	在所不惜	zài suǒ bù xī		whatever it takes
5.	万一	wànyī	（连）	just in case, if by any chance
6.	生怕	shēngpà	（动）	for fear that, lest
7.	蚊虫	wénchóng	（名）	mosquito
8.	叮咬	dīngyǎo	（动）	sting
9.	以便	yǐbiàn	（连）	so that, in order to
10.	沟通	gōutōng	（动）	communicate
11.	补品	bǔpǐn	（名）	tonic
12.	见效	jiànxiào	（动）	become effective
13.	冤枉	yuānwang	（形）	not worthwhile
14.	奏效	zòuxiào	（动）	prove effective
15.	恶心	ěxin	（动）	feel like vomiting, feel sick

专 名

1.	李琦	Lǐ Qí	name of a person

2.	通州	Tōngzhōu	a district of Beijing
3.	张莹	Zhāng Yíng	name of a person

注　释

1 冲刺：比赛中临近终点时全力向前冲。这里指临近考试时加倍努力。

2 高考：高等学校招生考试。

3 面面俱到：各方面都照顾到。

4 万般无奈：实在没有办法，只好……

课　文

家有考生（一）

字数：802 字　　阅读时间：8 分钟　　答题时间：16 分钟

每年此刻，正是考生冲刺的时候。一个个耐人寻味的故事，留给我们的是深深的思考。

租间房子为读书

李琦是北京某中学学生，家住通州区。由于路途较远，每天上学放学要倒好几次公共汽车，仅花在路上的时间就有两个小时之多。眼看考期就要到了，这样来来去去地把时间都浪费在路途上，太不值得。他的父母看在眼里，急在心里。两人一商量，便决定在学校附近给孩子租间房子。

找了好几天，终于找到一家中意的，虽然价钱有点儿高，但为了孩子高考也在所不惜了。儿子住了进去，随之而来的吃饭却成了问题。大考之时，怎敢让孩子在外边吃？万一吃坏了肚子怎么办！万般无奈，在城里工作的父亲就成了他生活的“保姆”。

每天下班，老李第一件事就是骑车赶到就近的菜市场，挑些孩子爱吃的菜买回家，给孩子变换着花样做，口味、营养面面俱到，生怕有一样孩子吃着不可口。

这几天，天气炎热，待在屋里实在受不了，加上又有蚊虫叮咬，严重影响了孩子的正常复习与休息。于是，老李就又在租来的屋子里装上了空调。

因为怕影响孩子学习，老李一直没给孩子买手机。但在昨天，老李给孩子买了一个手机，以便儿子在遇到难题时，能及时与老师、同学沟通。

买些补品补大脑

高考临近，没有哪位家长和考生不紧张的。由于高强度的考试训练和复习，加上心理紧张，许多考生睡眠不够，因而记忆力明显减退。

张莹的父亲听说有一种“忘不了”口服液，能增强记忆，便去商店买了几盒，让女儿早晚各服一支。从电视上，张莹的父亲又看到有一种饮料有健脑作用，第二天也去买了一箱。

张莹说，一个月不到的时间，她服用的各种补品已不下七八种。至于见没见效，哪种补品见效了，她也说不上来。张莹的家长说，这一阵子，光买补品就花了不少钱，其实自己也不想这么干，没准儿花的都是冤枉钱。但是，看见别人在买，自己也就买了，说不定哪种补品会奏效呢！再说，就是补品不奏效，最起码对孩子也能有种心理作用。

张莹说，她现在一看到这类口服液就感到恶心，等考完试说什么也不喝了。

练 习

1. 根据课文内容选择正确答案：

（1）本课谈的主要内容是：

A. 家长们很辛苦

B. 学生们学习很紧张

C. 每次考试前学生的生活

D. 高考前考生和他们父母的故事

（2）高考指的是：

A. 大学入学考试　　B. 高中入学考试

C. 大学毕业考试　　D. 高中毕业考试

（3）李琦父母为他参加高考所做的事情不包括：

A. 专门请了保姆　　B. 特地租了间房

C. 安装了空调　　D. 买了手机

（4）李琦父母为什么不让他在外面吃饭？

A. 饭馆的饭菜营养不够　　B. 担心不卫生

C. 外面的饭菜不合口　　D. 饭馆饭菜花样少并且较贵

（5）张莹父亲给她买了几种补品？

A. 七八种　　B. 七八种上下

C. 七八种以下　　D. 不少于七八种

（6）家长为什么买补品？

A. 考生和家长都太紧张　　B. 考生考试训练和复习太紧张

C. 考生睡不好觉　　D. 考生记忆力下降

（7）补品效果怎么样？

A. 喝了后感到恶心　　B. 非常奏效

C. 有的效果不错　　D. 谁也说不好管不管用

2. 解释下列句中的画线词语：

（1）每年此刻，正是考生冲刺的时候。

（2）他的父母看在眼里，急在心里。

（3）找了好几天，终于找到一家中意的，虽然价钱有点儿高，但为了孩子高考也在所不惜了。

（4）口味、营养面面俱到，生怕有一样孩子吃着不可口。

（5）至于见没见效，哪种补品见效了，她也说不上来。

（6）其实自己也不想这么干，没准儿花的都是冤枉钱。

（7）说不定哪种补品会奏效呢！

（8）就是补品不奏效，最起码对孩子也能有种心理作用。

3. 选择恰当的词语填空：

（1）由于______较远，每天上学放学要倒好几次公共汽车。

A. 道路　　B. 途中　　C. 中途　　D. 路途

（2）口味、营养面面俱到，生怕有一样孩子吃着不______。

A. 口味　　B. 可口　　C. 有味　　D. 合适

（3）天气炎热，待在屋里实在受不了，加上又有蚊虫叮咬，______影响了孩子的正常复习与休息。

A. 严重　　B. 重重　　C. 严厉　　D. 过重

（4）高考______，没有哪位家长和学生不紧张的。

A. 接近　　B. 临近　　C. 临时　　D. 走近

（5）许多考生睡眠不够，______记忆力明显减退。

A. 因为　　B. 因而　　C. 反而　　D. 原因

快读部分

生 词

1.	竟	jìng	（副）	unexpectedly
2.	形势	xíngshì	（名）	situation
3.	范文	fànwén	（名）	model essay
4.	围困	wéikùn	（动）	besiege
5.	志愿	zhìyuàn	（名）	aspiration, wish
6.	发愁	fā chóu	（动）	worry
7.	填报	tiánbào	（动）	fill out（an application form）
8.	实惠	shíhuì	（形）	substantial, solid
9.	财经	cáijīng	（名）	finance and economics
10.	金融	jīnróng	（名）	finance
11.	境遇	jìngyù	（名）	circumstances, situation
12.	省得	shěngde	（连）	so as to save（or avoid）
13.	试图	shìtú	（动）	attempt to（do something）, try to（do something）

注 释

1 弱项：实力弱的项目。

2 记叙文、议论文、说明文：三种常用文体。记叙文泛指记人、叙事、描写景物的文章。议论文泛指对某事发表看法的文章。说明文泛指说明事物的情况或道理的文章。

3 言不尽意：说的话没有完全表达出想说的意思。

4 梦寐（mèi）以求：睡梦中都想着寻找，形容迫切地希望。寐：睡觉。

5 事与愿违：事情的发展跟主观愿望相反。

6 神通广大：比喻具有特别高明的本领。

课　文

家有考生（二）

字数：827 字　　阅读时间：5 分钟　　答题时间：12 分钟

父亲帮着写作文

王美的父亲是从事新闻工作的，认识的朋友很多。大家坐在一起谈起孩子的考试成绩时，他经常感到脸上无光。他与女儿分析来分析去，发现女儿最大的弱项是作文。他想，自己从事新闻工作多年，写下文章无数，到头来，女儿竟因作文而丢了分，不是太可笑了吗？

于是，他便又和女儿一道根据目前形势和语文考试的特点分析，大范围地给女儿出了 10 道作文题。记叙文、议论文、说明文无一不包，并给她讲解了各种文体的写法。只可惜女儿作文基础太差，无论他怎样讲解女儿就是不得其法，写出来的文字总感觉言不尽意。他一气之下，竟亲自动笔，将 10 篇文章全写了出来，并让女儿当做范文全盘背下，说今年高考作文不会超出这一范围。

王美还有其他各门功课也要追赶，每天只能睡四五个小时，有时看着书就睡着了，又总是被父亲叫醒。作业的围困、家庭的压力和升学的无望，竟使她一怒之下好几天都没有回家。

报个好志愿，未来不发愁

张静说，高考的压力不仅仅是即将到来的大考，还有填报志愿。

张静是学文科的，从小特别喜欢历史，成绩也一直很好。她梦寐以求的就是读北大历史系。但是，事与愿违，填报志愿时，她的父母一致要她填报比较实惠的专业，比如与财经、金融、经济、管理等有关的专业。

她的父母说，学什么历史，离社会太遥远了！等毕业时，连工作都不好找。

张静的父母也有自己的理由，他们都是普通职员，供养一个学生不容易。现在，张静的父亲又下岗了。如果女儿不读一个好专业，家里又没神通广大之人，到时，谁帮她找工作？谁帮她照料生活？

张静虽然也能够理解父母的苦心，但心理上却一时难以接受。她跟别的同学诉苦，发现其他同学也跟她有着相同的境遇。而且，老师们也与家长的意见一致。还有的同学说本来想报考外地大学，在这之前，父母还说，去外地吧，锻炼锻炼，省得总在眼前烦。但真要报志愿了，却说什么也要她读本地的。

张静说，她上大学就是想读历史，而且还用好多例子试图说通家长。可她父母说，你太天真了，连饭都吃不上，还怎么去研究历史！

（选自《北京晚报》，白玮等文，有改动）

练　习

1. 选择最接近下列画线词语意思的解释：

（1）大家坐在一起谈起孩子的考试成绩时，他经常感到<u>脸上无光</u>。

A. 没精神　　B. 没劲儿　　C. 脸上没光亮　　D. 很没面子

（2）他与女儿分<u>析来分析去</u>，发现女儿最大的弱项是作文。

A. 反复分析　　B. 互相分析　　C. 分析了一下　　D. 分析分析

（3）到头来，女儿竟因作文而丢了分，不是太可笑了吗？

A. 开头　　B. 开始的时候

C. 到最后　　D. 从头开始

（4）记叙文、议论文、说明文无一不包，并给她讲解了各种文体的写法。

A. 没有不包括的　　B. 一个都不包括

C. 只包括一个　　D. 只有一个不包括

（5）无论他怎样讲解女儿就是不得其法，写出来的文字总感觉言不尽意。

A. 不想说出自己的意见　　B. 意思不能完全表达出来

C. 不说心里话　　D. 不能把话说尽

（6）他一气之下，竟亲自动笔，将10篇文章全写了出来。

A. 在生气的情况下　　B. 有点儿生气

C. 生了一会儿气　　D. 很生气

（7）让女儿当做范文全盘背下，说今年高考作文不会超出这一范围。

A. 盘算着背下来　　B. 全部背下来

C. 马上背下来　　D. 当时就背下来

2. 根据课文内容回答下列问题：

（1）王美的父亲为什么觉得脸上无光？

____

（2）王美功课哪方面最差？

____

（3）王美作文考不好，她的父亲为什么会觉得可笑？

____

（4）王美的父亲怎样帮她应付作文考试？

____

（5）王美为什么好几天没有回家？

____

（6）对张静来说，她的压力是什么？

____

（7）张静与父母有什么矛盾？

____

（8）张静的父母为什么反对她学习历史？

____

（9）老师站在哪一边？

____

（10）在填报志愿方面，学生与家长可能存在哪些问题？

____

3. 解释下列句中的画线词语：

（1）高考的压力不仅仅是即将到来的大考，还有填报志愿。

（2）她梦寐以求的就是读北大历史系。

（3）但是，事与愿违，填报志愿时，她的父母一致要她填报比较实惠的专业。

（4）家里又没神通广大之人，到时，谁帮她找工作，谁帮她照料生活？

（5）她跟别的同学诉苦，发现其他同学也跟她有着相同的境遇。

（6）去外地吧，锻炼锻炼，省得总在眼前烦。

4. 想一想，说一说：

谈一谈你们国家高考之前考生们的生活。

细读部分

生 词

1.	招牌	zhāopai	（名）	signboard
2.	牌匾	páibiǎn	（名）	inscribed board（fixed to a wall or the lintel of a door）
3.	显眼	xiǎnyǎn	（形）	conspicuous, eye-catching
4.	花纹	huāwén	（名）	decorative pattern
5.	包围	bāowéi	（动）	surround
6.	浮雕	fúdiāo	（名）	relief
7.	商号	shānghào	（名）	shop, store, business establishment
8.	经营	jīngyíng	（动）	operate, run
9.	象征	xiàngzhēng	（名、动）	symbol; symbolize
10.	毕恭毕敬	bì gōng bì jìng		extremely deferential
11.	背景	bèijǐng	（名）	background
12.	摄影师	shèyǐngshī	（名）	photographer
13.	姿势	zīshì	（名）	posture
14.	古董	gǔdǒng	（名）	antique
15.	搀扶	chānfú	（动）	support somebody by the arm
16.	时髦	shímáo	（形）	fashionable
17.	风华正茂	fēnghuá zhèng mào		in one's prime
18.	展示	zhǎnshì	（动）	demonstrate, show

19.	内涵	nèihán	（名）	connotation
20.	自豪	zìháo	（形）	proud of
21.	门面	ménmian	（名）	front, facade
22.	欣赏	xīnshǎng	（动）	enjoy

专 名

1.	盛锡福	Shèngxīfú	a time-honored hat store in Beijing
2.	东来顺	Dōngláishùn	a time-honored restaurant in Beijing famous for the chafing dish
3.	全聚德	Quánjùdé	a time-honored restaurant in Beijing famous for the roast duck it made

注 释

1 焕然一新：变化大，简直像新的一样。

2 分外：副词。超过平常；特别。如：

分外高兴　分外热闹　分外显眼

3 呈：动词。具有(某种形式)，呈现(某种颜色、状态)。如：

呈上升趋势　呈棕黄色

4 以……著称：以……著名。如课文里的句子：

"东来顺"以涮羊肉著称。

5 伙计、店小二：旧时指店员。

6 火锅：一种烹调用具。使锅中的汤沸腾，把肉片、海鲜或蔬菜等放在汤里，随煮随吃。

7 洋车：人力车，旧时乘坐的一种用人拉的车。

8 糖葫芦：一种食品，用竹签把山楂果或海棠果等穿成一串，蘸上熔化的冰糖制成。

9 长袍、马褂：旧时人们的穿戴。

10 繁华似锦、喜庆祥和：表示兴旺发达、喜庆、吉祥平和的吉利话。

课　文

金字招牌高悬王府井

字数：763 字　　阅读时间：8 分钟　　答题时间：14 分钟

精心打扮了 7 年之久，如今焕然一新的王府井大街，今晚就要正式开街了。在大街南口，一块刻着“王府井”三个金黄大字的大牌匾分外显眼。

“王府井”这块匾重 3 吨，蓝底金字，周边有一些红色花纹，紧紧包围的外围浮雕全部用铜打造，呈棕黄色。整块匾由五部分组成，中间为“王府井”三个大字，外围是一组浮雕，表现的是王府井著名商号的经营情景。左起第一个老字号是“盛锡福”，“盛锡福”以帽闻名，于是便有了客人正在试戴帽子的画面；“东来顺”以涮羊肉著称，伙计们手捧的大火锅是最好的象征；店小二毕恭毕敬往店里请客人，背景里挂着几只烤鸭，甭问，这是“全聚德”；结伴而行的大嫂要进的是“同升和”鞋店；洋车上坐着的穿着皮衣的客人正要离开“建华皮货”；一位摄影师正让客人摆姿势照相，不用说，人们也会想到“中国照相”；在“北京工艺美术服务部”内，几个外宾正在仔细挑选古董；而“百货大楼”的招牌下，服务员正搀扶着手拄拐杖的老者跨进店门；脚踏滑轮的少年和打高尔夫球者则为“天元利生”作了最好的说明；站在试衣镜前的时髦女郎，告诉人们这里是“东华服装公司”。

匾的上半部展示了老店古韵，下半部则体现了现代风情。浮雕上既有古稀老人，又有风华正茂的年轻人，还有举着糖葫芦的顽童；既有长袍马褂，又有西服洋装；既有中国人，也有外国人，展示了王府井特有的商业文化内涵。除了老字号，浮雕上下悬挂着四盏红灯笼，分别写着“繁华似锦”和“万事如意”。“繁华似锦”的“锦”字与王府井的“井”字谐音，预示着王府井喜庆祥和。

说来也巧，三位设计者年龄加在一起是100岁，让这100岁的人去设计百年老街的招牌，真可谓“天意”。他们自豪地对记者说：“看着自己设计的作品高悬在王府井的门面上，逛起来感受肯定不一样。让成千上万的人欣赏到自己的成果，心里肯定会增添一种成就感，那是别人所无法体会的。”

(选自《北京晚报》，有改动)

练 习

1. 根据课文内容选择正确答案：

（1）本文主要内容是：

A. 介绍王府井大街　　B. 介绍王府井大街的设计者

C. 介绍王府井大街上的一块匾　　D. 介绍“王府井”这块匾的设计

（2）王府井大街可能：

A. 开业七年了　　B. 停业七年了

C. 命名七年了　　D. 挂牌七年了

（3）卖帽子的老字号是：

A.“盛锡福”　　B.“同升和”

C.“张一元”　　D.“天元利生”

（4）“天元利生”可能是什么店？

A. 服装店　B. 鞋店　C. 体育用品商店　D. 游乐场

（5）“王府井”大牌匾上的浮雕内容是关于什么的？

A. 著名的老字号　B. 现代商场

C. 传统商业和现代商业　D. 过去和现在的顾客

（6）牌匾的三位设计者：

A. 都是老年人　B. 他们年龄之和正好是 100

C. 既有老年人,也有年轻人　D. 都是有成就的人

2. 选择对下列词或词组的正确解释：

（1）精心打扮　A. 认真地进行表演　B. 仔细使自己的样子好看

（2）结伴而行　A. 和朋友一起去　B. 结交一个朋友

（3）老店古韵　A. 老店原有的风格　B. 老店的古代音乐

（4）古稀老人　A. 很少外出的老人　B. 七十岁的老人

（5）顽童　A. 爱玩爱闹的孩子　B. 有自己意见的孩子

（6）谐音　A. 有趣的音乐　B. 声音相同或相近

（7）天意　A. 上天的安排　B. 本来的意思

（8）成千上万　A. 一万一千　B. 数量非常多

3. 选择恰当的词语填空：

（1）在大街南口，一块刻着“王府井”三个金黄大字的大牌匾______显眼。

A. 分外　B. 真是　C. 确实　D. 特别是

（2）紧紧包围的外围浮雕全部用铜打造，______棕黄色。

A. 显　B. 是　C. 呈　D. 成

（3）整块匾______五部分组成，中间为“王府井”三个大字。

A. 让　B. 被　C. 由　D. 用

（4）“盛锡福”______帽闻名，于是便有了客人正在试戴帽子的画面。

A. 让　　B. 由　　C. 以　　D. 从

（5）“东来顺”以涮羊肉______，伙计们手捧的大火锅是最好的象征。

A. 有名　　B. 著称　　C. 名气　　D. 名店

（6）店小二毕恭毕敬往店里请客人，背景里挂着几只烤鸭，______问，这是“全聚德”。

A. 别　　B. 不　　C. 甭　　D. 要

（7）匾的上半部展示了老店古韵，下半部______体现了现代风情。

A. 则　　B. 就　　C. 但　　D. 而

（8）浮雕上既有古稀老人，______风华正茂的年轻人。

A. 又是　　B. 又　　C. 同时有　　D. 又有

快读部分

生　词

1.	品牌	pǐnpái	（名）	brand
2.	绚丽	xuànlì	（形）	gorgeous, magnificent
3.	标新立异	biāo xīn lì yì		create something new and original
4.	花样翻新	huāyàng fānxīn		make innovations in pattern or design
5.	别致	biézhì	（形）	unique, new and unusual
6.	体面	tǐmiàn	（形）	decent
7.	信息	xìnxī	（名）	information

8.	反馈	fǎnkuì	（动）	feedback
9.	销售额	xiāoshòu'é	（名）	sales
10.	整体	zhěngtǐ	（名）	totality, entirety
11.	务实	wùshí	（形）	pragmatic
12.	气氛	qìfēn	（名）	atmosphere
13.	实力	shílì	（名）	strength
14.	预示	yùshì	（动）	betoken, foretell
15.	摆脱	bǎituō	（动）	free（or extricate）oneself from

专　名

1.	稻香村	Dàoxiāngcūn	a time-honored food factory
2.	宫颐府	Gōngyífǔ	a time-honored food factory
3.	大三元	Dàsānyuán	a famous restaurant

注　释

1　嫦娥、鸳鸯：嫦娥是神话中由人间飞到月亮上去的仙女。鸳鸯多雌雄成对生活在水边，常用来比喻夫妻。

2　花花绿绿：形容颜色鲜艳多彩。

3　投其所好：迎合人们的喜好。

4　有面子：不丢面子，拿得出去。

5　占上风：相比之下处于有利的地位。

6　炒作：常指为了引人注意，故意夸大内容的行为。

7　做表面文章：只注重表面而不管实际内容的做法。

课 文

不买盒子买品牌

字数：612 字　　阅读时间：3 分钟　　答题时间：10 分钟

纸盒、铁盒、木盒，还有竹编篮子；满月、嫦娥、鸳鸯，再加花好月圆。中秋市场上一道最绚丽的景色，要数月饼的漂亮衣裳——花花绿绿的包装了。每年中秋，都会有标新立异的月饼包装出现，如此花样翻新当然是因为它是节日礼品。别致美观的包装，顾客看着就喜欢，送人也体面。但是今年中秋，来自市场的信息反馈，花花绿绿的包装已经吸引不了消费者，如今人们买月饼，不看包装看品牌。

长安商场食品超市的孟经理告诉记者："我们这儿有十几个品牌的月饼，好包装还真不少，往年有些顾客对这些新鲜玩意儿挺动心，可今年从销售上看，销售额都集中在稻香村、宫颐府、大三元等几个知名品牌上，不知名产品包装得再漂亮顾客也不认。"

漂亮包装难以再打动顾客，一是因为月饼包装设计整体水平提高，难分上下。在一家百货商店的中秋商品展卖区，一位中年人看着各式各样的月饼盒高兴地说："前几年，买月饼送礼还得挑好看的，可眼下，闭着眼随便拿，个个漂亮，只好挑品牌了。"而另一层更重要的原因在于，人们近年的送礼观念也在发生变化，收礼人想收到实惠，送礼人自然得投其所好，知名品牌质量有保证、知名度高，用来送礼比一堆花花绿绿的"盒子"更有面子。

消费方式总是追着人们的思想观念在变，随着务实气氛渐浓，月饼销售也由几年前的千元一盒也有人敢买转变为现在的不在包装上花冤枉钱。从今年的销售情况看，有实力、有品牌的企业占了上风，这预示着月饼摆脱炒作、做表面文章，转而重视提高产品质量的时候到了。

（选自《北京晨报》，吴彬文，有改动）

练 习

1. 根据课文内容选择正确答案：

（1）中秋节市场上最引人注目的是：

A. 月饼的质量　　B. 月饼的花样

C. 标新立异的月饼　　D. 月饼的包装

（2）月饼的包装材料有：

A. 两种　　B. 四种　　C. 六种　　D. 八种

（3）关于月饼包装盒上的图案，文中没提到：

A. 满月　　B. 嫦娥　　C. 鸳鸯　　D. 风景

（4）为什么生产厂家对月饼包装很重视？

A. 人们重视中秋节　　B. 顾客看着喜欢

C. 人们喜欢标新立异　　D. 月饼常被当做礼品

（5）今年月饼市场与往年相比有何不同？

A. 包装上更下工夫　　B. 包装别致精美

C. 人们更重视花花绿绿的包装　　D. 人们对包装已不太看重

（6）如今各种月饼包装水平：

A. 不分上下　　B. 有好有坏

C. 标新立异　　D. 相差很大

（7）人们喜欢买：

A. 自己知道牌子的月饼　　B. 自己了解的月饼

C. 实惠点儿的月饼　　D. 著名品牌的月饼

（8）月饼市场的变化意味着月饼摆脱了：

A. 做表面文章　　B. 务实观念

C. 提高产品质量　　D. 不去炒作

2. 解释下列句中的画线词语：

（1）中秋市场上一道最绚丽的景色，要数月饼的漂亮衣裳——花花绿绿的包装了。

（2）每年中秋，都会有标新立异的月饼包装出现，如此花样翻新当然是因为它是节日礼品。

（3）别致美观的包装，顾客看着就喜欢，送人也体面。

（4）往年有些顾客对这些新鲜玩意儿挺动心。

（5）销售额都集中在稻香村、宫颐府、大三元等几个知名品牌上。

（6）漂亮包装难以再打动顾客，一是因为月饼包装设计整体水平提高，难分上下。

（7）收礼人想收到实惠，送礼人自然得投其所好。

（8）月饼销售也由几年前的千元一盒也有人敢买转变为现在的不在包装上花冤枉钱。

3. 词语填空：

（　　）恭（　　）敬　　（　　）（　　）正茂　　万事（　　）（　　）

成（　　）上（　　）　　标（　　）立（　　）　　投其（　　）（　　）

难分（　　）（　　）　　焕然（　　）（　　）

第四课　Lesson 4

细读部分

生　词

1.	漫游	mànyóu	（动）	roam, wander
2.	网络	wǎngluò	（名）	（the）Internet
3.	商情	shāngqíng	（名）	market conditions
4.	股市	gǔshì	（名）	stock market
5.	行情	hángqíng	（名）	quotations（on the market）
6.	瘾	yǐn	（名）	strong interest
7.	公民	gōngmín	（名）	citizen
8.	痴迷	chīmí	（动）	crazy
9.	顾名思义	gù míng sī yì		just as its name implies
10.	泡	pào	（动）	dawdle
11.	粘	zhān	（动）	stick, paste
12.	坦率	tǎnshuài	（形）	frank, straightforward
13.	投机	tóujī	（形）	congenial, agreeable
14.	级别	jíbié	（名）	level
15.	获取	huòqǔ	（动）	obtain, gain
16.	翅膀	chìbǎng	（名）	wing
17.	飞翔	fēixiáng	（动）	fly

专名

瀛海威时空	Yínghǎiwēi Shíkōng	name of a Chinese web site

注释

1 互联网：(the) Internet，又译成“因特网”。

2 甚至：副词，提出突出的事例(有更进一层的意思)。如课文里的句子：

在网上您可以找到各种商情，股市行情，也可以购物、购票，还能在网上交朋友、谈心聊天，甚至过一把作家瘾。

3 网虫：对沉溺于网络的人的戏称。

4 灯红酒绿：形容都市夜晚的繁华景象。

5 走火入魔：迷恋某种事物到了失去理智的地步。

6 饭碗：比喻职业。如课文里的句子：

把饭碗给丢了

7 一网情深：“一往情深”的谐音。这里指对网络有深厚的感情。

8 相见恨晚：为相互见面得太晚而感到遗憾。

课文

足不出户，漫游天下

字数：911 字　　阅读时间：10 分钟　　答题时间：15 分钟

“瀛海威时空”作为中国国内第一个全中文的计算机网络，曾经是中国互联网行业的领跑者。如今“瀛海威时空”已淡出了网络行业，但在20世纪90年代，这个名字在中国的网民中却深入人心。

只要您家里有电脑、电话，交300多块入网费，您就可以上网。在网上您可以找到各种商情、股市行情，也可以购物、购票，还能在网上交朋友、谈心聊天，甚至过一把作家瘾。这种足不出户就能漫游天下的感觉也是网络吸引众人的主要原因。

“瀛海威时空”于1995年9月开通，在一年多的时间里，它的网络用户发展到6000多，其中的“主角”是工程师、记者、作家、律师、医生、广告人、企业家、教师、学生，平均年龄30岁左右。

当时京城的网虫大多数是“瀛海威”的“公民”。跟一般用户不同的是网虫对网络表现出的那股痴迷劲儿。

网虫嘛，顾名思义，就是泡在网上的虫。

网虫对网络迷到什么份儿上呢？有位网虫对我说：“一天不上网，就好像生活里缺少点儿什么，吃不下饭，睡不着觉。”

他是一家歌舞厅的老板，却对灯红酒绿不感兴趣，一天到晚“粘”在网上，跟网虫聊天，聊到夜里一两点钟是常事。

另一位走火入魔的网虫对我说：“我原本有个挺不错的工作，入网两个月，就把‘饭碗’给丢了。怎么回事呢？我这叫‘一网情深’，对这玩意儿太着迷了。早晨起来，只要一睁眼，牙不刷脸不洗，先得在网上待会儿，网上的虫都知道我能聊，有时一个话题能聊到夜里三四点钟，第二天起来接着聊。聊到好像人也进到网里去了。您说我还有心情上班吗？”

他今年23岁，还没女朋友。我问他想不想在网上找个女友，他坦率地说：“想，可是网上的‘虫’分不出是男是女。”

“有一次，在网上遇到一位‘姑娘’，一聊特投机，真有点儿相见恨晚的感觉，我动了心。聊了好几个晚上，一见面，没想到竟是个老头儿。真让人哭笑不得。”

网虫的年龄一般都二三十岁，泡网有时间有精力。据“瀛海威”

的工作人员介绍，在6000多位用户中，能达到网虫这个级别的有四五百人。

上网的人通常目的很明确，第一是获取信息，第二才是广交朋友，所以，每天上网的时间有限。网虫则是把广交朋友放在第一位，上网就是为了寻找一个自由空间，让思想的翅膀在这个空间里自由自在地飞翔。

练 习

1. 根据课文内容判断正误：

(1) “瀛海威时空”作为全中文的计算机网络，如今仍受网民的欢迎。 ( )

(2) 只要家里有电脑、电话，交了入网费，就可以成为“瀛海威时空”的用户。 ( )

(3) 网络最吸引人的地方是不用出门就能知道天下各种事情。 ( )

(4) 开通一年多时间里，“瀛海威时空”的网络用户一直主要是教师和学生。 ( )

(5) 那些想找一找当作家的感觉的人，也可以在网上实现自己的愿望。( )

(6) 就上网目的而言，网民们通常把广交朋友放在第一位。 ( )

(7) “网虫”指那些可以不吃不睡也一定要上网的人。 ( )

(8) “网虫”的人数占了“瀛海威时空”网络用户总数的一半。 ( )

(9) 有的“网虫”因为迷恋网络而失去了工作。 ( )

(10) 能泡网的人一般是有充足时间和精力的年轻人。 ( )

2. 选择下列词或词组的正确解释：

(1) 足不出户	A. 不和人接触	B. 不用出门
(2) 广告人	A. 以广告为职业的人	B. 做广告的公司
(3) 泡在网上	A. 长时间上网	B. 在网上寻找信息
(4) 过一把作家瘾	A. 满足一回当作家的愿望	B. 和作家好好谈一回

（5）痴迷劲儿　　A. 不正常的感情　　B. 过于迷恋的感情

（6）哭笑不得　　A. 不知该哭还是该笑　　B. 不能哭也不能笑

3. 选择恰当的词语填空：

（1）如今“瀛海威时空”已淡出了网络行业，但在 20 世纪 90 年代，这个名字在中国的网民中却______人心。

A. 深刻　　B. 加深　　C. 深入　　D. 进入

（2）______您家里有电脑、电话，交 300 多块入网费，您就可以上网。

A. 只要　　B. 只有　　C. 即使　　D. 只是

（3）这种足不出户、就能漫游天下的感觉也是网络______众人的主要原因。

A. 接受　　B. 吸住　　C. 吸引　　D. 引入

（4）“瀛海威时空”于 1995 年 9 月______，在一年多的时间里，它的网络用户发展到 6000 多。

A. 开通　　B. 开始　　C. 通过　　D. 进行

（5）网虫嘛，顾名思义，______泡在网上的虫。

A. 作为　　B. 变成　　C. 才是　　D. 就是

（6）有一次，在网上遇到一位“姑娘”，一聊特______，真有点儿相见恨晚的感觉。

A. 机会　　B. 投机　　C. 依靠　　D. 正好

（7）一见面，没想到______是个老头儿。真让人______。

A. 可　　B. 还　　C. 竟　　D. 但

A. 不哭不笑　　B. 又哭又笑　　C. 哭哭笑笑　　D. 哭笑不得

（8）在 6000 多位用户中，能达到网虫这个______的有四五百人。

A. 级别　　B. 高级　　C. 差别　　D. 另外

(9) 上网就是为了寻找一个自由空间，让思想的翅膀在这个空间里自由自在地______。

A. 飞舞　　B. 飞翔　　C. 飞向　　D. 飞去

快读部分

生 词

1.	透露	tòulù	（动）	make something known to somebody
2.	才华	cáihuá	（名）	talent
3.	诱惑	yòuhuò	（动）	tempt
4.	顾虑	gùlǜ	（名）	misgiving, worry
5.	困扰	kùnrǎo	（动）	perplex, puzzle
6.	一律	yílǜ	（副）	all, without exception
7.	伪装	wěizhuāng	（动、名）	disguise; camouflage
8.	直率	zhíshuài	（形）	frank
9.	群体	qúntǐ	（名）	group
10.	彼此	bǐcǐ	（代）	each other, one another
11.	呼叫	hūjiào	（动）	call
12.	响应	xiǎngyìng	（动）	respond
13.	律师	lǜshī	（名）	lawyer
14.	打官司	dǎ guānsi		go to court
15.	社交	shèjiāo	（名）	social communication
16.	解闷	jiě mèn	（动）	divert oneself (from boredom)

注　释

1　人情世故：为人处世的道理。

2　敢情：副词，表示发现原来没有发现的情况。

3　莫逆之交：彼此情投意合、非常要好的朋友。

4　压根儿：根本；从来(多用于否定句)。如：

这事他压根儿不知道。

5　英雄好汉：常指勇敢坚强的男人。

6　被……誉为：受到某种称赞。如课文里的句子：

一位姓安的网虫被网友誉为“网上作家”。

7　石沉大海：比喻始终没有消息。

8　有朝一日：将来有一天。如：

有朝一日，我自己也要开一家公司。

课　文

网上生活——雾里看花

字数：1027 字　　阅读时间：5.5 分钟　　答题时间：12 分钟

有意思的是几乎所有网民在网上都不透露自己的真名实姓，他们只用“网名”，有的甚至不透露自己的性别、年龄、职业。

这种没有任何差别的空间，无疑成了一些想展示才华的人入网的诱惑。

一位姓范的网虫对我说：“在网上做人很容易，你说话办事可以没有任何顾虑，不必为人世间的那些复杂的人际关系和人情世故所困扰。不管你是什么人，在网上一律平等，你可以撕去许多伪装，当然也可以披上许多伪装。但不论你是以什么面目出现，谈话都是心平气和的。”

日前，笔者跟十几位凑到一块的网虫见了面。敢情他们有的在网上已经是莫逆之交了，可压根儿也没见过，一提网名，相互不禁哈哈大笑，因为有的小伙子在网上是“女孩”，有的女孩在网上却是“老头儿”。

一位年轻的网虫直率地对我说：“我们只是为了达到一种情感上的交流，有些话跟我的家人或同事不好说，但是对网上的朋友却能敞开心扉。”

这些网虫在网上一个个都是“英雄好汉”。入网的网民，无形中成了一个沟通信息的大的群体，虽说他们互不相识，彼此是怎么回事都属“雾里看花”，但是哪个网民有点儿什么事在网上一呼叫，马上就会有人响应。

一位网虫说：“我在生活中遇到点儿麻烦，想找个律师打官司，在网上把这事一说，没过两天，有十来位网友提出帮我这个忙。”

另一位网虫说：“网络实际上就是一个大的社交圈，一人有难，网友伸出手来相助的事经常发生。我碰到这么两件事，一次，我想买一台电脑，想请网友帮我选一种，没出两个小时，有二十多人给我出点子，有的还提出跟我一起去买。另一次，我的小孩大学毕业想找个适合他所学专业的工作，马上有好几位网友提出帮忙介绍。我觉得网络就像一个大家庭一样。”

另一方面，网虫对网络的过分痴迷的确挺耽误事，这种浪费时间和精力的做法已受到批评。

当然，网虫在网上不光是聊天解闷，有的网虫还在网上写作。

一位姓安的网虫被网友誉为“网上作家”。

笔者采访了他，他今年35岁，经营一家书店。

他说："我原来很喜欢文学，经常写点儿东西，可给报刊投稿，往往石沉大海，渐渐失去了信心。上了网以后，我发觉在网上不但可以对某种社会现象发表自己的见解，而且还能发表一些文学作品。我就试着写些散文和小说，没想到我的这些作品在网上一发表，许多网友就给我写信，有的提出修改意见，有的甚至帮我写。现在我已经在网上写了十来万字的作品了，也许有朝一日我会把网上的作品编成书出版呢。网上的作家不光是我一个，写什么的都有。"

看来，将来会出现一个网上作家群。

(选自《中外书摘》，刘一达文，有改动)

练　习

1. 根据课文内容选择正确答案：

(1) 在网上，网民不愿透露的不包括：

A. 网名　　B. 性别　　C. 年龄　　D. 职业

(2) 下面哪种说法是错误的？

A. 在网上大家是平等的　　B. 在网上大家都脱下了伪装

C. 在网上也存在着欺骗　　D. 在网上大家都心平气和

(3) 网络吸引人的地方不包括：

A. 相互可以毫无保留地交谈　　B. 谁有难处，大家尽力相助

C. 相互之间可以做到真正的了解　　D. 可以摆脱现实中复杂的人际关系

(4) 为什么说网络像个大家庭？

A. 可以帮助找工作　　B. 可以帮人打官司

C. 发表作品后大家都帮助修改　　D. 一人有难，众人相助

（5）目前对网络存在的担心是：

A. 在网上有许多伪装

B. 大家都不用真名实姓

C. 网络会使人浪费不少时间和精力

D. 大家在网上不过是“雾里看花”

2. 选择恰当的词语填空：

（1）这种没有________差别的空间，无疑成了一些想________才华的人入网的诱惑。

A. 一切　B. 所有　C. 任何　D. 基本

A. 展示　B. 表示　C. 发展　D. 表明

（2）不必为人世间的那些复杂的人际关系和人情世故________困扰。

A. 所　B. 去　C. 得　D. 就

（3）________你是什么人，在网上一律平等。

A. 虽然　B. 既然　C. 就是　D. 不管

（4）一提各自的网名，相互________哈哈大笑。

A. 不住　B. 不停　C. 不止　D. 不禁

（5）在网上把这事一说，没过两天，有十来位网友提出________。

A. 帮助我这个忙　B. 帮忙我

C. 帮我这个忙　D. 帮忙我这个

（6）一位姓安的网虫被网友________“网上作家”。

A. 成为　B. 誉为　C. 作为　D. 说成

（7）在网上不但可以对某种社会现象发表自己的______，而且还能________一些文学作品。

A. 见解　B. 见识　C. 解释　D. 想法

A. 发明　B. 发现　C. 发表　D. 表现

（8）许多网友就给我写信，有的提出________意见，有的甚至帮我写。
A. 修改　　B. 修正　　C. 批改　　D. 改变

3. 解释下列句中的画线词语：

（1）有意思的是几乎所有网民在网上都不透露自己的真名实姓。
（2）不必为人世间的那些复杂的人际关系和人情世故所困扰。
（3）敢情他们有的在网上已经是莫逆之交了，可压根儿也没见过。
（4）有些话跟我的家人或同事不好说，但是对网上的朋友却能敞开心扉。
（5）虽说他们互不相识，彼此是怎么回事都属“雾里看花”……
（6）哪个网民有点儿什么事在网上一呼叫，马上就会有人响应。
（7）给报刊投稿，往往石沉大海，渐渐失去了信心。
（8）现在我已经在网上写了十来万字的作品了，也许有朝一日我会把网上的作品编成书出版呢。
（9）网上的作家不光是我一个，写什么的都有。

4. 想一想，说一说：

你是网虫吗？你对网络有什么看法？

第五课 Lesson 5

细读部分

生 词

1.	首饰	shǒushì	(名)	jewellery
2.	作坊	zuōfang	(名)	workshop
3.	质地	zhìdì	(名)	quality of (a material)
4.	牛角	niújiǎo	(名)	ox horn
5.	水晶	shuǐjīng	(名)	crystal
6.	手镯	shǒuzhuó	(名)	bracelet
7.	编制	biānzhì	(动)	weave, knit
8.	稀奇古怪	xīqí gǔguài		peculiar
9.	搭配	dāpèi	(动)	collocate
10.	老眼昏花	lǎo yǎn hūn huā		dim-sighted from old age
11.	唯一	wéiyī	(形)	only
12.	缝纫店	féngrèndiàn	(名)	tailoring shop
13.	契机	qìjī	(名)	opportunity

注 释

以……居多：(某方面) 占多数。如课文里的句子：

该店顾客主要是附近几所大学的学生，以年轻女孩子居多。

课 文

广州首饰也自助

字数：590 字　　阅读时间：7 分钟　　答题时间：15 分钟

广州人喜欢自助，现在连首饰也要自助。日前，记者在天河城广场文化廊内发现一家首饰店，以提供材料为主，由顾客充分发挥想象，自己动手做首饰。

初进该作坊还以为进了纽扣店。一进店门，只见该店北面和东面柜台上全是紧密相连的玻璃格子，里面装满了各种颜色、质地、形状的珠子。据该店老板杨小姐介绍，这里的 500 多种珠子材料以亚克力为主，另有瓷的、木制的、牛角的等天然材料，价格从每颗几角到十多元不等。虽然也有成品卖，但主要是顾客自己根据个人爱好挑好珠子，用店里提供的绳线或铁丝来做，营业员小姐只给予一般的技术指导。

读高一的谢小姐上次穿好的水晶手镯还戴在手上，这次又专门来购买丝线编制手链。她告诉记者，自己平时穿衣“稀奇古怪”，外面首饰又贵又一般，不好搭配，而在这里做一个首饰，即使贵的也就几十元，却可以“独一无二”，让人很有成就感。

记者发现，除了年轻女孩，连老奶奶也来凑热闹。一位 60 岁左右的老太太发现一种珠子特别像她在美国见到的一条项链的材料，就非要把它做出来。最后实在是老眼昏花，只好请店里的小姐帮忙穿了起来。据营业员刘小姐介绍，该店顾客主要是附近几所大学的学生，以年轻女孩子居多，但也有不少男孩子，为了向恋人表示“唯一”，非要自己设计并亲手制作出来。

杨小姐称，在广州，类似这种以顾客自己设计为主的作坊式小店，还有家具店、缝纫店等。在追求个性的今天，“自己动手”成了又一商业契机。

（杜雅文文，有改动）

练 习

1. 根据课文内容判断正误：

（1）本文谈到的首饰店设在一家纽扣店里。（ ）

（2）这家首饰店不卖首饰，只卖制作首饰的材料。（ ）

（3）正规商店里的首饰好看是好看，就是太贵了。（ ）

（4）自助首饰价格不贵，但却能体现人们的个性。（ ）

（5）来自助首饰店的除了年轻姑娘就是老奶奶。（ ）

（6）也有男孩子来自助首饰店为自己制作有个性的首饰。（ ）

（7）在自助首饰店里只能自己制作首饰。（ ）

（8）“自己动手”是商家吸引顾客的新手段。（ ）

（9）营业员只帮助年纪大的老奶奶制作首饰。（ ）

（10）自助店的兴起主要是因为这里的商品价格便宜。（ ）

2. 选择最接近下列画线词语意思的解释：

（1）广州人喜欢自助，现在连首饰也要自助。

A. 自己帮助自己　　B. 自己动手做事

C. 别人帮助自己　　D. 自己帮助别人

（2）虽然也有成品卖，但主要是顾客自己根据个人爱好挑好珠子，用店里提供的绳线或铁丝来做。

A. 有制作好的首饰卖　　B. 把珠子当做商品卖

C. 有别的商品卖　　D. 卖自己制作的首饰

（3）而在这里做一个首饰，即使贵的也就几十元，却可以“独一无二”。

A. 这种首饰没有相同的第二件　　B. 只有这一家首饰店

C. 这件首饰不是唯一的　　D. 有两件完全一样的首饰

（4）而在这里做一个首饰……却可以“独一无二”，让人很有成就感。

A. 事业上有成就　　B. 感觉自己取得了成绩

C. 因成功制作首饰感到愉快和满足　　D. 感觉自己成绩很好

（5）除了年轻女孩，连老奶奶也来凑热闹。

A. 跟着做　B. 找热闹　C. 看热闹　D. 买首饰

3. 选择恰当的词语填空：

（1）首饰店以提供材料为主，由顾客充分______想象，自己动手做首饰。

A. 进行　B. 发挥　C. 发展　D. 发现

（2）初进该作坊还______进了纽扣店。

A. 想　B. 认为　C. 以为　D. 作为

（3）一进店门，______该店北面和东面柜台上全是紧密相连的玻璃格子。

A. 先见　B. 出现　C. 找到　D. 只见

（4）这里的 500 多种珠子材料以亚克力______，另有瓷的、木制的、牛角的等天然材料。

A. 为主　B. 做主　C. 组成　D. 主要

（5）价格从每颗几角到十多元______。

A. 不同　B. 不等　C. 不一　D. 相差

（6）最后实在是老眼昏花，______请店里的小姐帮忙穿了______。

A. 只好　B. 只是　C. 只有　D. 只要

A. 下来　B. 起来　C. 上来　D. 进来

（7）而在这里做一个首饰，______贵的也就几十元，却可以“独一无二”，让人很有成就感。

A. 不管　B. 即使　C. 如果　D. 虽然

（8）该店顾客主要是附近几所大学的学生，以年轻女孩子______。

A. 多　B. 居上　C. 居多　D. 是多

(9) 有不少男孩子，为了向恋人表示“唯一”，______要自己设计并亲手制作出来。

A. 非　　B. 最　　C. 却　　D. 很

(10) 在广州，______这种以顾客自己设计为主的作坊式小店，还有家具店、缝纫店等。

A. 相似　　B. 一样　　C. 类似　　D. 似乎

快读部分

生　词

1.	体现	tǐxiàn	（动）	embody, reflect
2.	偏爱	piān'ài	（动）	have partiality for something
3.	人生观	rénshēngguān	（名）	outlook on life
4.	豁达	huòdá	（形）	generous and open-minded
5.	真诚	zhēnchéng	（形）	sincere
6.	缤纷	bīnfēn	（形）	in riotous profusion
7.	厌倦	yànjuàn	（动）	be weary of, be tired of
8.	探索	tànsuǒ	（动）	explore, probe
9.	通情达理	tōng qíng dá lǐ		understanding and reasonable, showing good sense
10.	克制	kèzhì	（动）	restrain
11.	意识	yìshi	（名）	consciousness, awareness
12.	潜伏	qiánfú	（动）	hide, be latent

13.	智慧	zhìhuì	（名）	wisdom
14.	决策	juécè	（动）	make a decision
15.	擅长	shàncháng	（动）	be good at, be expert in
16.	逻辑	luóji	（名）	logic
17.	推理	tuīlǐ	（动）	infer
18.	细腻	xìnì	（形）	careful, prudent, meticulous
19.	温柔	wēnróu	（形）	sweet
20.	直觉	zhíjué	（名）	intuition
21.	敏锐	mǐnruì	（形）	sharp, acute, keen
22.	开朗	kāilǎng	（形）	sanguine, optimistic
23.	挫折	cuòzhé	（名）	setback, reverse
24.	困境	kùnjìng	（名）	difficult position

注 释

1 处世哲学：在社会上活动、跟人交往的观点和原则。

2 善解人意：善于理解别人。

3 人缘儿：跟人相处的关系。如：
人缘儿好　人缘儿不错　没人缘儿

4 喜怒哀乐：指人的各种情绪。

5 主见：对事情确定的意见。如：
富于主见　缺乏主见　没有主见

6 才女：有才华的女子。

7 敬而远之：表示尊敬，但不愿接近。

8 无微不至：形容待人非常细心周到。

9 钟情：原指在爱情方面感情专注。这里指对某事物特别爱好。

10 华而不实：比喻表面好看，内容空虚。

课 文

服装色彩体现女性性格

字数：558 字　　阅读时间：3.5 分钟　　答题时间：15 分钟

一项研究报告指出，女性对服装颜色的偏爱与她们的性格密切相关。

喜欢红色服装的女性大多有积极的人生观和豁达的处世哲学，她们的性格外向、活泼、坦率、真诚。

喜欢白色服装的女性往往对各种缤纷色彩已感厌倦，正处在自我探索阶段或正在适应新的环境。通情达理、善解人意是这类女性性格上最明显的特点。

喜欢黄色服装的女性往往人缘儿很好。这类女性喜欢交朋友，善于表达内心的喜怒哀乐，最容易使人产生信任感和亲切感。

偏爱黑色服装的女性在生活中表现出强烈的独立性，她们富于主见，善于克制，自我保护意识强，而内心深处常潜伏着强烈的孤独感。

身着蓝色服装的女性则有可能是才女。她们的头脑充满智慧，有较强的决策能力，擅长逻辑推理，责任心强，但有时会因自我意识太强而使人敬而远之。

喜爱粉红色服装的女性处事细腻，富有同情心，关心他人无微不至，性格温柔，但容易轻信是她们的弱点。

钟情紫色服装的女性对自己和别人要求都很严，她们直觉敏锐、准确，也很有组织才能。

女性偏好灰色服装意味着她们的生活态度十分被动，有意识地培养开朗的性格是克服这种性格弱点的良方。

对棕色服装有偏爱的女性最讨厌华而不实，这类女性观念保守，不愿向别人显露自己的真情实感。

喜欢绿色服装的女性也许是最快乐的女人，她们充满活力，也能愉快地面对挫折和困境。

（选自《东方明星》，阿昕文，有改动）

练　习

1. 根据课文内容填空：

（1）女性喜爱什么颜色的服装往往取决于她的______。

（2）喜欢黄色服装的女性容易获得______。

（3）一个充满活力、快乐的女性喜欢的服装颜色可能是______。

（4）善于结交朋友的女性可能喜欢______服装。

（5）无论对自己还是对他人要求都很高的是喜欢______服装的女性。

（6）不愿向人暴露自己的真情实感的女性可能喜欢______服装。

（7）偏爱______服装的女性看起来强硬，实际上常会有孤独感。

（8）最聪明能干的当属喜爱______服装的女性。

（9）喜爱灰色服装的女性应当多学习一下喜欢______或______服装的女性的长处。

（10）如果你想找一个人倾诉，最好选择喜爱______服装的女性。

（11）最关心别人的是喜爱______服装的女性。

（12）容易让人产生距离感的可能是喜欢______服装的女性。

（13）喜爱______服装的女性容易轻信别人。

2. 根据下列各句的内容写出合适的成语：

（1）很懂道理，说话、做事合情合理。——

（2）善于理解别人，了解别人的真实意图。——

（3）对某人既不想得罪他而又不想接近他。——

（4）对他人非常关心。——

（5）外表好看，内容空虚。——

3. 选择恰当的词语填空：

（1）女性对服装颜色的偏爱与她们的性格密切______。

A. 有关　B. 关系　C. 关联　D. 相关

（2）喜欢白色服装的女性往往对各种缤纷色彩已感______。

A. 讨厌　B. 厌恶　C. 厌倦　D. 厌烦

（3）喜欢黄色服装的女性往往______很好。

A. 关系　B. 人缘儿　C. 交际　D. 处世

（4）偏爱黑色服装的女性在生活中表现出______的独立性。

A. 强烈　B. 激烈　C. 热烈　D. 浓烈

（5）身着蓝色服装的女性则有______是才女。

A. 机会　B. 能力　C. 可能　D. 可以

（6）她们的头脑______智慧，……但有时会因______意识太强而使人敬而远之。

A. 满满　B. 充满　C. 充分　D. 满是

A. 自我　B. 自己　C. 自私　D. 私自

（7）喜爱粉红色服装的女性处事细腻，______同情心。

A. 丰富　B. 富裕　C. 富有　D. 丰厚

4. 想一想，说一说：

你认为服装、服装色彩与人的性格、心情有关系吗？请举例说明。

细读部分

生 词

1.	健忘	jiànwàng	（形）	forgetful
2.	趣谈	qùtán	（名）	funny remarks
3.	请教	qǐngjiào	（动）	ask for advice, consult
4.	荒唐	huāngtáng	（形）	ridiculous, absurd
5.	亲密	qīnmì	（形）	close, intimate
6.	细节	xìjié	（名）	detail
7.	清晰	qīngxī	（形）	clear
8.	呈现	chéngxiàn	（动）	present, emerge, appear
9.	曝光	bàoguāng	（动）	expose
10.	求教	qiújiào	（动）	ask for advice
11.	博士	bóshì	（名）	Dr.
12.	提醒	tíxǐng	（动）	remind
13.	忍	rěn	（动）	try not to show emotion
14.	签名	qiān míng	（动）	sign one's name
15.	高超	gāochāo	（形）	superb
16.	询问	xúnwèn	（动）	inquire about

专 名

1.	金岳霖	Jīn Yuèlín	name of a famous philosopher
2.	陶孟和	Táo Mènghé	name of a sociologist
3.	潘梓年	Pān Zǐnián	name of a famous philosopher and logician

注 释

1 脱口而出：不需要或没经过考虑地开口说。

2 上述：上面所说的。如课文里的句子：

这时我才明白上述传闻原来是可信的。

3 上乘：指事物质量好或水平高。如：

质量上乘　上乘之作

4 拉洋车：洋车即人力车，旧时一种人拉的车，用来载人。拉洋车的人即人力车夫。

5 可谓：书面语，可以说。如课文里的句子：

金先生的“健忘”“忘”到这份儿上，真可谓举世无双了！

6 举世无双：世间只有这一个，没有第二个。

课 文

“健忘”趣谈

字数：657 字　　阅读时间：7 分钟　　答题时间：16 分钟

十多年前，有人告诉我一件“健忘”趣事：

一位著名学者向朋友介绍自己的妻子。他用手指着妻子，却半天说不出她的名字，只好向旁边的同事请教。

当时我觉得荒唐，不可信。不料七八年后，事情临到自己的头上。我发现常常在最需要的时候，把最亲密的朋友的名字忘掉。虽然他们的音容笑貌甚至许多交往细节都生动清晰地呈现在眼前，那平日脱口而出的熟悉的名字，却无论如何也想不起来，而且越着急越糟糕，脑子里就如同曝光的胶卷，一片空白。这时我才明白上述传闻原来是可信的。不过我想这样的“健忘”水平，大概要数上乘了。

谁知，近读著名哲学家金岳霖先生《晚年的回忆》，又发现天外还有“天”。他写道：

“在30年代，我头一次发现我会忘记我的姓名。有一次我打电话给陶孟和，他的服务员问：‘您是哪位？’我答不上来，但我不好意思说我忘了，于是我说别管我是谁，请陶先生说话就行了。可那位服务员说：‘不行！’我请求两三次，还是不行，我只好求教于王喜，他是给我拉洋车的。他说：‘我不知道！’我说：‘你没听见别人叫过？’他说：‘只听人家叫金博士。’一个‘金’字就提醒我了。”

读着这段文字，我一面忍住笑，一面想：金先生的“健忘”“忘”到这份儿上，真可谓举世无双了！

哪里晓得当我继续往下读时，金先生又举出一位更高级的“大师”——潘梓年。

原来，潘梓年当年在重庆的某一签名场合上，提起笔来却也记不起自己的名字来了。他的“高超”之处，是当旁边的人告诉他姓潘，他不仅依然想不起来，并且还进一步询问：“哪个潘呀？”

看到这里，我再也忍不住，放声大笑起来。

（选自《新民晚报》，汤学智文）

练 习

1. 根据课文内容判断正误：

（1）课文里说的是一些名人的故事，他们都是病人。（ ）

（2）十多年前作者并不相信他听说的关于健忘的故事。（ ）

（3）自己熟悉的朋友的名字作者有时也会忘记。（ ）

（4）他们不是真的想不起来自己的名字，而是在和人开玩笑。（ ）

（5）潘梓年可能是他们中间最有才能的一位。（ ）

（6）潘梓年比别人“高超”之处在于竟然忘了自己的名字。（ ）

（7）作者写这篇文章是为他们的健康状况担心。（ ）

2. 根据课文内容回答下列问题：

（1）本文谈的是什么？

____

（2）这篇文章一共写了几个健忘的故事？ 分别谈谈这几个健忘的故事。

____

（3）谁的健忘“水平”最高？为什么？

____

3. 解释下列句中的画线词语：

（1）不料七八年后，事情临到自己的头上。

（2）虽然他们的音容笑貌甚至许多交往细节都生动清晰地呈现在眼前，那平日脱口而出的熟悉的名字，却无论如何也想不起来。

（3）脑子里就如同曝光的胶卷，一片空白。

（4）不过我想这样的“健忘”水平，大概要数上乘了。

（5）谁知，近读著名哲学家金岳霖先生《晚年的回忆》，又发现天外还有“天”。

（6）金先生的“健忘”“忘”到这份儿上，真可谓举世无双了！

（7）我再也忍不住，放声大笑起来。

4. 选择恰当的词语填空：

(1) 他用手指着妻子，却半天______她的名字，只好向旁边的同事______。

A. 说不清　B. 说不来　C. 说不到　D. 说不出

A. 请求　B. 请示　C. 请教　D. 求情

(2) ______七八年后，事情临到自己的头上。

A. 不料　B. 不想　C. 料到　D. 想到

(3) 那平日脱口而出的熟悉的名字，却______如何也想不起来。

A. 无论　B. 即使　C. 虽然　D. 尽管

(4) 脑子里就______曝光的胶卷，一片空白。

A. 如何　B. 如同　C. 相同　D. 相似

(5) 在 30 年代，我头一次______我会忘记我的姓名。

A. 发明　B. 发出　C. 发现　D. 发生

(6) 但我不好意思说我忘了，______我说别管我是谁，请陶先生说话就行了。

A. 于是　B. 就是　C. 因为　D. 此后

(7) 我请求两三次，还是不行，我______求教于王喜，他是给我拉洋车的。

A. 没法　B. 只是　C. 只好　D. 只会

(8) ______晓得当我继续往下读时，金先生又举出一位更高级的“大师”。

A. 怎么　B. 怎样　C. 怎能　D. 哪里

(9) 当旁边的人告诉他姓潘，他______依然想不______，并且还进一步询问：“哪个潘呀？”

A. 不仅　B. 不管　C. 虽然　D. 不禁

A. 上来　B. 起来　C. 下来　D. 回来

快读部分

生 词

1.	电工	diàngōng	（名）	electrician
2.	评论家	pínglùnjiā	（名）	critic, reviewer
3.	手电筒	shǒudiàntǒng	（名）	electric torch
4.	咒骂	zhòumà	（动）	curse, swear
5.	蜡烛	làzhú	（名）	candle
6.	缅怀	miǎnhuái	（动）	cherish the memory of, recall
7.	封锁	fēngsuǒ	（动）	block or seal off (through military or other compulsory means)
8.	警报	jǐngbào	（名）	alarm
9.	追查	zhuīchá	（动）	investigate, find out
10.	官僚	guānliáo	（名）	bureaucrat
11.	取证	qǔzhèng	（动）	collect evidence
12.	核实	héshí	（动）	verify, check
13.	鉴定	jiàndìng	（动）	appraise
14.	理论	lǐlùn	（名）	theory
15.	依据	yījù	（名）	foundation
16.	擅离职守	shàn lí zhíshǒu		leave one's post without permission
17.	检讨	jiǎntǎo	（动）	make a self-criticism
18.	女婿	nǚxu	（名）	son-in-law
19.	悠闲	yōuxián	（形）	leisurely and carefree

20.	吹拂	chuīfú	（动）	（of a breeze）caress
21.	踱步	duó bù		pace（to and fro ）

注 释

1 曰（yuē）：古汉语词，说。

2 指手画脚：形容轻率地指点、批评别人。

3 干净利落：做事又快有好。

4 准女婿：女儿的男友（戏称），还未结婚。

5 丈母娘：即岳母，妻子的母亲。

6 光合作用：绿色植物的叶绿素在日光照射下，把水和二氧化碳合成有机物质并排出氧气（O_2）。

7 二氧化碳：一种气体，化学式是 CO_2。

课文（一）

换一个灯泡需要几个人

字数：499 字　　阅读时间：4.5 分钟　　答题时间：14 分钟

要是由电工换一个烧坏的灯泡，需要几个人？答曰：只需一个人，可是当你找他的时候，却总是见不到他的影子。

要是由评论家换呢？答曰：需要两个人。一个换灯泡，另一个则在旁边指手画脚地批评他。

要是由一个父亲来换呢？答曰：需要三个人。他会让妻子扶凳子，儿子打手电筒。

要是由诗人换呢？答曰：需要四个人。一个咒骂黑暗，一个点亮蜡烛，一个缅怀光明，一个换灯泡（还不一定能完成）。

要是由警察换呢？答曰：需要的人更多。一个负责封锁、保护现场，并拉响警报，一个记录，至少两个追查灯泡坏的原因，剩下的一个换灯泡。

要是由官僚来换呢？答曰：需要……我也不知道会需要多少个人。他们会让父亲带着妻子、儿子到有关部门陈述灯泡烧坏的经过，并记录下来，然后签字。接着他们会命令警察调查取证，核实灯泡烧坏的原因，对该事故作出分析鉴定。电工需提供灯泡可能自然烧坏的理论依据，并就擅离职守写出书面检讨。最后，官僚们还要召开各种会议来研究解决换灯泡的问题……当然，他们也不会让评论家闲着，诗人也会很忙碌……

那么，有没有人可以很痛快、干净利落地将烧坏的灯泡在最短时间里轻松地换掉呢？答曰：有。准女婿在未来丈母娘家的时候！

（选自《中国青年报》，叶风文，有改动）

课文（二）

忙碌与悠闲

我和儿子坐在大树下喂鸽子，凉风从树梢间穿入，树影摇动。我对儿子说："如果能像大树那么悠闲，整天让凉风吹拂着，多舒服呀！"

儿子说："爸爸，您错了，树其实是非常忙碌的。"

"为什么？"

儿子说："树的根要深入地里，吸收水分，树的叶子要和阳光进行光合作用，整棵树都要不断地吸入二氧化碳，吐出氧气，树不是很忙碌吗？”

我看到地上的鸽子悠闲地踱步，想到鸽子其实是在寻找食物，也是很忙的。

当我把玉米撒在地上的时候，悠闲的鸽子就忙碌起来了。

我想，如果我们有悠闲的心情，那么所有忙碌的事情都可以用悠闲的态度来完成。

练　习

1. 根据课文（一）内容选择正确答案：

（1）谁换灯泡最快？

A. 电工　　B. 父亲　　C. 诗人　　D. 准女婿

（2）本文主要想告诉我们什么事情？

A. 不同的人换灯泡所需要的时间

B. 准女婿是最敏捷的人

C. 批评官僚主义

D. 说明几种人所具有的不同特点

（3）如果警察换灯泡，至少需要几个人？

A. 三个　　B. 四个　　C. 五个　　D. 六个

（4）官僚的主要特点是什么？

A. 办事认真仔细　　B. 办事过于负责

C. 工作效率低、手续烦琐　　D. 自己不做什么事情

（5）准女婿为什么换得最快？

A. 他为了表现自己　　B. 他最敏捷利落

C. 他办事效率最高　　D. 他没有其他人的弱点

2. 根据课文（一）内容填空：

（1）可是当你找他的时候，______总是见不到他的影子。

（2）一个换灯泡，另一个______在旁边指手画脚地批评他。

（3）他______让妻子______凳子，儿子______手电筒。

（4）一个咒骂黑暗，一个______蜡烛，一个缅怀光明，一个换灯泡。

（5）一个负责封锁、保护现场，______拉______警报。

（6）电工需______灯泡可能自然烧坏的理论依据，并______擅离职守写出书面检讨。

（7）官僚们还要______各种会议来研究解决换灯泡的问题。

3. 根据课文（一）内容分别谈谈电工、评论家、父亲、诗人、警察、官僚以及准女婿这些人各自的特点。

4. 根据课文（二）内容回答下列问题：

（1）读完课文你有何感想？

（2）举例说明忙碌和悠闲是一种什么关系。

第七课 Lesson 7

细读部分

生 词

1.	去世	qùshì	（动）	die, pass away
2.	意外	yìwài	（形）	unexpected
3.	事故	shìgù	（名）	accident
4.	抢救	qiǎngjiù	（动）	give emergency treatment
5.	顷刻	qǐngkè	（名）	instant
6.	担忧	dānyōu	（动）	worry
7.	顽皮	wánpí	（形）	naughty, mischievous
8.	怀疑	huáiyí	（动）	wonder
9.	盲	máng	（形）	blind
10.	陶醉	táozuì	（动）	be intoxicated (with happiness, etc.)
11.	猛然	měngrán	（副）	suddenly, abruptly
12.	一尘不染	yì chén bù rǎn		spotlessly clean
13.	意料	yìliào	（动）	expect
14.	轮流	lúnliú	（动）	take turns, do something in turn
15.	耽搁	dānge	（动）	delay
16.	眼光	yǎnguāng	（名）	perspective

注　释

1　死亡线：指危及生存的境地，比如病重未脱离死的危险。

2　好端端：形容情况正常、良好。如课文里的句子：

一个好端端的家顷刻之间就完了。

3　植物人：因严重受伤而完全没有知觉的人。

4　多动症：儿童患的一种疾病，表现为注意力不能集中，特别好动，自己不能控制。

5　乱弹一气：乱弹，随便弹，瞎弹。一气，一阵（多含贬义）。

6　无常：时常变化；变化不定。

7　兴高采烈：兴致高，情绪热烈。

8　轻描淡写：谈问题时把重要问题轻轻带过。

课　文

长大成人

字数：866 字　　阅读时间：9 分钟　　答题时间：13 分钟

李平常的妈妈去世的时候，他才上五年级。他的妈妈死于工厂里的一次意外事故，他妈妈去世前的一个月，他的爸爸因为脑出血抢救及时，刚刚从死亡线上被医生拉回来。

他妈妈去了不久，他爸爸再度住院，从医院里出来时他的爸爸就成了一个植物人。一个好端端的家顷刻之间就完了，无论是谁都为李平常和他十五岁的小姐姐担忧，往后的日子怎么过呢？

那时候我是李平常的班主任，在这些事情发生之前他是一个十分顽皮的孩子，我曾怀疑他是不是有多动症，在我的语文课上，他总是在下面随着我的讲课内容做出与课文有关的种种表演，比如我讲《月光曲》这课时，进行到盲姑娘在月光下弹着一支钢琴曲时，李平常就闭着眼睛在课桌上乱弹一气，很有点儿自我陶醉的样子。家里出事以后，在课堂上就再也看不到他的表演了，他仿佛就在那几天里猛然间长大了，看来再小的孩子也能体会出生活的无常。

我曾经和班里的几个孩子在他妈妈出事的当天去过他家，家里坐满了人，但处处干净，一尘不染的样子，看得出他的妈妈是一个很能干的人。后来他妈妈的单位安排他的姐姐去接了妈妈的班，再后来他爸爸就成了常年躺在床上的植物人，最后李平常从小学毕业走了。

再次看到李平常的时候，已经是今年夏天了，他们那个班的孩子参加完高考兴高采烈地请我吃饭，在约定的那家餐馆里，我首先看到的就是高高的李平常，他足有一米八几的个头儿，很出乎我的意料。更出乎我意料的是他的爸爸被他和姐姐照顾得很好，这么多年来，他和姐姐轮流看护爸爸，保证爸爸身边每天都有人。为了爸爸，他初中一毕业就参加了工作，每天一下班就往回赶，从不在外面耽搁。如今姐姐已经恋爱了，一切都很好。他说得平平淡淡，仿佛是在说着别人家的事。可大家的心里都酸酸的，沉默了一会儿，有人说："平常，你真不容易。"李平常说："没什么不容易的，我不觉得了，从我十一岁到现在有几年了？"我说："快9年了。"他说："这么长时间还能不习惯吗？习惯了就不觉得有什么了。"他说得仍然轻描淡写。

那次聚会，我以一个老师的眼光看出，在那些半大的孩子里，只有李平常像是一个大人了，虽然只有他没有参加高考。

（选自《中国青年报》，杨丽红文，有改动）

练 习

1. 根据课文内容选择正确答案：

（1）李平常的父亲什么时候得的脑出血？

A. 在他母亲去世后的一个月　　B. 在他母亲去世后的当天

C. 在他母亲去世前的一个月　　D. 在他母亲去世以后

（2）家里出事前，老师认为李平常：

A. 有多动症　　B. 喜欢自我陶醉

C. 有几分顽皮　　D. 表演方面很出色

（3）这些年李平常：

A. 每天守在父亲身旁照顾他

B. 为了父亲每天很早就出去工作

C. 一下班就往回赶

D. 独自一人照顾父亲

（4）对艰难的生活，李平常：

A. 心里酸酸的　　B. 早已习以为常

C. 还不太习惯　　D. 看成是别人的事情

（5）生活的磨难使李平常：

A. 没能参加高考　　B. 对什么事都轻描淡写

C. 很自信，觉得什么都不难　　D. 比同龄人显得成熟

2. 解释下列句中的画线词语：

（1）他妈妈去了不久，他爸爸<u>再度</u>住院。

（2）一个<u>好端端</u>的家<u>顷刻</u>之间就完了。

（3）他<u>仿佛</u>就在那几天里<u>猛然间</u>长大了。

（4）家里坐满了人，但处处干净，<u>一尘不染</u>的样子。

（5）他们那个班的孩子参加完高考<u>兴高采烈</u>地请我吃饭。

（6）我首先看到的就是高高的李平常，他足有一米八几的个头儿，很出乎我的意料。
（7）他和姐姐轮流看护爸爸，保证爸爸身边每天都有人。
（8）他说得平平淡淡，仿佛是在说着别人家的事，可大家的心里都酸酸的。
（9）他说得仍然轻描淡写。

3. 选择合适的词语填空：

意料　像　仿佛　眼光　无论　轮流　往后　耽搁　再

（1）______是谁都为李平常和他十五岁的小姐姐担忧，______的日子怎么过呢?
（2）在课堂上就______也看不到他的表演了，他______就在那几天里猛然间长大了。
（3）更出乎我______的是他的爸爸被他和姐姐照顾得很好。
（4）他和姐姐______看护爸爸，保证爸爸身边每天都有人。
（5）为了爸爸他早已工作了，但每天下班都不在外面______。
（6）我以一个老师的______看出，在那些半大的孩子里，只有李平常______是一个大人了。

快读部分

生　词

1.	玫瑰	méigui	（名）	rose
2.	百合	bǎihé	（名）	lily
3.	康乃馨	kāngnǎixīn	（名）	carnation
4.	生气	shēngqì	（名）	vim, vitality

5.	天然	tiānrán	（形）	natural
6.	雕塑	diāosù	（名）	sculpture
7.	伶俐	línglì	（形）	smart, quick-witted
8.	乖巧	guāiqiǎo	（形）	well-behaved, cute
9.	忧愁	yōuchóu	（形）	worried
10.	瑟瑟发抖	sèsè fādǒu		（of a person）trembling
11.	装点	zhuāngdiǎn	（动）	decorate
12.	浪漫	làngmàn	（形）	romantic
13.	破损	pòsǔn	（形）	worn, torn
14.	情侣	qínglǚ	（名）	sweethearts, lovers
15.	干脆	gāncuì	（形）	straightforward
16.	胡闹	húnào	（动）	be mischievous
17.	良久	liángjiǔ	（形）	a good while, a long time

注 释

1 雷打不动：形容不论出现什么情况也不改变。

2 下岗：被工作单位辞退，失去原先的工作。

3 含苞欲放：形容花朵正要开放的样子。

4 妙龄女郎：指年轻女子。

课 文

妈妈，送你半朵玫瑰

字数：790 字　　阅读时间：4 分钟　　答题时间：10 分钟

学校门口有个卖花的妇人，每天雷打不动地准时出现，她的车上热热闹闹地挤满了玫瑰、百合、康乃馨……还有一些叫不上名的花。

唯一没有生气的是那妇人的脸，学美术的同学说她简直是一尊天然的雕塑，冷冰冰的，毫无表情。

妇人有个女儿，才六岁，却十分伶俐乖巧，有问必答。她时常都是咬着我们的耳朵说悄悄话："我的妈妈下岗了，她偷偷地哭了好几夜呐！""姥姥的病快好了，妈妈说这个月要用卖花的钱给我买件新衣服。""我没有爸爸，我爸爸在我很小的时候就不在了，我都不记得他的样子了！"小孩子的眼睛里是没有忧愁的，但我们听了，心里总忍不住有一些替她难过。

那一年的寒假刚过，就是情人节了。妇人一大早就推了一车的玫瑰来卖，小女孩也跟着来了，她冻得瑟瑟发抖，手里还握着一支玫瑰，并且骄傲地告诉我们那是她挑出来的最好的一枝，她要送人的，我们笑笑。车上的玫瑰含苞欲放，一律四元一枝，要比花店里便宜一半，学校里好多同学都跑出来，买上几枝去装点他们不够浪漫的爱情。没多久，一车的玫瑰便只剩下一些破损的残花了。

正要收拾回家，远远地跑过来一对情侣，看到空空的桶失望极了，那个妙龄女郎扭头刚要走，看见了车后小女孩手里的那枝玫瑰。

"这朵花卖吗？""不卖！我要送人的！"小女孩回答得很干脆。"卖的卖的，四元一枝，小孩子胡闹呢！"见妈妈这样说，小女孩一下跑了，没跑多远，脚一滑，就狠狠地摔在了雪地上。玫瑰花的刺扎了手心，流出血来，滴在洁白的雪地上。

妈妈跑过去，从小女孩手里拿过玫瑰，递给女郎。小女孩擦干了眼泪，慢慢地走到车前，在最后剩下的残花里挑了半天，找出了一枝最好的，那上面的花瓣几乎掉了一半，只有半朵了。她一步一步地走到她妈妈面前，举起手里的花：“妈妈，这半朵花送给您，您爱我，我也爱您！”卖花的女人呆住了，良久，接过花，泪珠从脸上滚落。

我们也都被小女孩深深地感动了。谁说情人节的玫瑰只能装点爱情呢？

（选自《大连广播电视报》，武丹丹文，有改动）

练　习

1. 根据课文内容判断正误：

（1）小女孩的母亲虽然漂亮，但很冷漠。（　）

（2）小女孩年龄小，还不懂得忧愁。（　）

（3）花店里卖的玫瑰比她们卖的要贵一倍。（　）

（4）情人节那天，小女孩为自己挑了一枝最美的玫瑰。（　）

（5）母亲开始并不了解小女孩的意图。（　）

（6）作者认为玫瑰只是用来装点爱情的。（　）

2. 选择最接近画线词语意思的解释：

（1）学校门口有个卖花的妇人，每天雷打不动地准时出现。

A. 不管发生什么事情也不改变

B. 打雷的时候也一动不动

C. 除了打雷，别的时候都不动

D. 下雨天也照常来

（2）车上热热闹闹地挤满了玫瑰、百合、康乃馨……还有一些叫不上名的花。

A. 没有名字的花　　B. 不知道名字的花

C. 没有名的花　　D. 非常平常的花

(3) 唯一<u>没有生气</u>的是那妇人的脸，学美术的同学说她简直是一尊天然的雕塑。

A. 不生气　B. 没有生气的事　C. 不高兴　D. 没精神

(4) 她时常都是<u>咬着我们的耳朵说悄悄话</u>。

A. 说话时声音很小　B. 咬一下我们的耳朵才说话

C. 说话很小心　D. 贴着我们的耳朵说话

(5) 车上的玫瑰含苞欲放，<u>一律</u>四元一枝。

A. 一朵朵　B. 全部都　C. 一部分　D. 大部分

(6) 那个妙龄女郎<u>扭头</u>刚要走，看见了车后小女孩手里的那枝玫瑰。

A. 抬头　B. 转身　C. 低头　D. 点头

(7) 小女孩一下跑了，没跑多远，脚一滑，就<u>狠狠地</u>摔在了雪地上。

A. 重重地　B. 生气地　C. 凶狠地　D. 迅速地

(8) <u>良久</u>，接过花，泪珠从脸上滚落。

A. 好久　B. 没多久　C. 不久　D. 很快

3. 词语填空并解释：

一尘（　）（　）　兴（　）采（　）　（　）描（　）写

一（　）独（　）　有（　）必（　）　含苞（　）（　）

触目（　）（　）　雷打（　）（　）　瑟瑟（　）（　）

第八课 Lesson 8

细读部分

生 词

1.	艰难	jiānnán	（形）	difficult
2.	家境	jiājìng	（名）	family financial situation
3.	意味着	yìwèizhe	（动）	mean
4.	设施	shèshī	（名）	installation, facilities
5.	齐全	qíquán	（形）	complete, all in readiness
6.	公寓	gōngyù	（名）	apartment
7.	节省	jiéshěng	（动）	economize, save
8.	放弃	fàngqì	（动）	give up
9.	贷款	dàikuǎn	（名）	loan
10.	福利	fúlì	（名）	welfare
11.	规模	guīmó	（名）	scale
12.	需求	xūqiú	（名）	need
13.	迄今	qìjīn	（动）	up to now, to this day
14.	公布	gōngbù	（动）	announce, release
15.	补贴	bǔtiē	（动、名）	subsidize; subsidy
16.	运作	yùnzuò	（动）	operate, run

注　释

1　愈来愈：越来越。常用于书面语。

2　忧心忡忡（yōuxīn chōngchōng）：非常担心的样子。

3　雪上加霜：比喻在困难的时候又遇到灾难，情况更加严重。

4　望校兴叹：改自成语“望洋兴叹”（比喻要做一件事情力量不够，感到没有办法）。

5　高材生：指成绩优秀的学生。也可写作“高才生”。

6　特困生：指生活特别困难的学生。

课　文

愈来愈艰难的求学

字数：676字　　阅读时间：7分钟　　答题时间：12分钟

我工作的大学又要开学了，新生、老生先后跨进了校门，每到这个时候，那些家境困难的学生总是让我忧心忡忡，高额的学费如同一座大山，压得他们喘不过气来。

据我了解，在北京、上海、武汉等地区，一名普通大学生每年在校期间的各种花费至少需要1万元，其中学费约占二分之一，而且，不断改善的办学条件意味着学生要负担更多的费用，比如，设施齐全的学生公寓一年收费1200元，比住旧宿舍贵多了。

1万元一年的上学费用，对于农民和普通工薪收入的家庭来讲也并不是个小数目，对于困难家庭来说更是雪上加霜。我亲耳听说过有的学生，经历了千辛万苦考上了大学，却因交不起学费而只能“望校兴叹”。也有一部分高材生，为了节省点儿费用，而不得不放弃理想的大学和专业，而报考收费相对低一些的院校。

据说，自今年9月1日起要实行新的上学贷款制度，更多的大学生可以依靠银行贷款来完成学业。但是，目前的贷款制度更多的像是福利而不是投资，因此，贷款规模根本无法满足需求。

两年前国内首家开办高校学生助学贷款的上海浦东发展银行，迄今为止已向约1500位贫困生发放了1200万元贷款。那么有多少学生需要贷款呢?

按国家公布的数字，高校在校特困生的比例是5%~10%，按今年全国200万的招生规模来计算，大约有10万~20万新入学的特困生，加上老生，总数会达到30万~40万，贷款需求大约为20亿~30亿人民币，这里还不包括贫困生的贷款要求。

当然，这么多钱全靠国家补贴是不可能的。但是，我希望我们的有关部门能真正把助学贷款当做合理的投资项目来运作，以帮助更多的贫困学生顺利地完成他们的学业。

(选自《三联生活周刊》，张勉文，有改动)

练　习

1. 根据课文内容选择正确答案：

(1) 在开学之际，作者最担心的是：

A. 学生花费太大　　B. 学费过高

C. 贫困学生交不起学费　　D. 办学条件日益改善

(2) 如果说一名大学生每年各种花费是1万元，那么除了学费，每年的其他花费大约是：

A. 3000元　　B. 5000元　　C. 8000元　　D. 1万元

(3) 1 万元的学费对普通工薪家庭来说：

A. 负担也很重　　B. 负担不算重

C. 没什么负担　　D. 谈不上什么负担

(4) 作者认为目前的上学贷款制度：

A. 只能解决 1500 名特困生的问题

B. 可以解决贫困生的问题

C. 远远不能满足实际需要

D. 可以解决 10 万~20 万学生的贷款要求

(5) 最先实行高校助学贷款的城市是：

A. 北京　　B. 上海　　C. 武汉　　D. 广州

(6) 作者认为助学贷款应作为一种：

A. 福利　　B. 补贴　　C. 无偿援助　　D. 投资

2. 解释下列句中的画线词语：

(1) 那些家境困难的学生总是让我忧心忡忡。

(2) 1 万元一年的上学费用，对于农民和普通工薪收入的家庭来讲也并不是个小数目，对于困难家庭来说更是雪上加霜。

(3) 有的学生，经历了千辛万苦考上了大学，却因交不起学费而只能“望校兴叹”。

(4) 迄今为止已向约 1500 位贫困生发放了 1200 万元贷款。

3. 选择恰当的词语填空：

(1) 我工作的大学又要开学了，新生、老生先后______了校门。

A. 进去　　B. 跨进　　C. 进来　　D. 走过

(2) 不断______的办学条件______着学生要负担更多的费用。

A. 改善　　B. 变坏　　C. 变化　　D. 改变

A. 表示　　B. 就是说　　C. 意味　　D. 说明

（3）设施齐全的学生公寓一年收费1200元，比住旧宿舍______。

A. 贵多了　　B. 很贵　　C. 多贵　　D. 又贵了

（4）1万元一年的上学费用，______农民和普通工薪收入家庭来讲也并不是个小数目。

A. 关于　　B. 向　　C. 对于　　D. 于

（5）据说，自今年9月1日起要______新的上学贷款制度。

A. 实行　　B. 进行　　C. 实现　　D. 变成

（6）更多的大学生可以依靠银行贷款来______学业。

A. 结束　　B. 完成　　C. 解决　　D. 学完

快读部分

生　词

1.	时下	shíxià	（名）	at present, right now
2.	花销	huāxiāo	（名）	cost, expense
3.	采访	cǎifǎng	（动）	interview
4.	零食	língshí	（名）	between-meal nibbles, snacks
5.	庆贺	qìnghè	（动）	celebrate
6.	显示	xiǎnshì	（动）	show, display
7.	修养	xiūyǎng	（名）	cultivation
8.	场合	chǎnghé	（名）	occasion
9.	整洁	zhěngjié	（形）	clean and tidy, neat

10.	讲究	jiǎngjiu	（动、形）	be particular about; tasteful, decent
11.	高档	gāodàng	（形）	high-end
12.	化妆品	huàzhuāngpǐn	（名）	cosmetics
13.	观念	guānniàn	（名）	concept
14.	强化	qiánghuà	（动）	intensify
15.	宽裕	kuānyù	（形）	well-off
16.	承受	chéngshòu	（动）	bear, afford
17.	盲目	mángmù	（形）	blind
18.	呼吁	hūyù	（动）	appeal, call on
19.	节制	jiézhì	（动）	moderate
20.	收支	shōuzhī	（名）	income and expenses

注 释

1 大锅饭：供多数人吃的普通伙食。

2 身不由己：比喻在某种环境或情况下只能顺从，不能自己做主。

3 达成共识：达到共同的认识。达成，达到，得到。共识，共同的认识。如课文里的句子：

在穿上，大学生们似乎达成了共识。

4 下馆子：口语，去饭馆吃饭。

5 超前消费：超过自身的经济能力的消费。

6 托福：美国“对非英语国家留学生的英语考试”英文缩写（TOEFL）的音译。

7 尚未：还没有。尚，还。如：

尚未完成　尚未独立

8 量入为出：根据收入的多少来定支出的限度。

9 理财能力：管理财务的能力。

课文

“消费快车”应当限速

字数：948 字　　阅读时间：5 分钟　　答题时间：13 分钟

时下，在京城的大学校园里，每月花销在上千元的大学生并非少数。应该说，他们在经济并未独立的情况下却已提前乘上了“消费快车”。

笔者在大学校园采访时发现，不少女生把钱都送往食品柜台了。每当上街时，她们总顶不住那些花花绿绿的零食的诱惑，并且往往一买就是一大堆。一位女生说：“逛商店时，不知怎么食品筐里就多出许多本来自己并没打算买的零食。拒绝花钱的唯一办法是：不进商店！”

相比之下，男生们倒是省下了这笔零零碎碎的钱，可花在嘴上的钱却比女生只多不少。对食堂大锅饭不满意，宿舍几个哥们儿少不了时常下下馆子改善一下生活。有时，碰上什么高兴事儿，大家也一起出去庆贺一番。对这种经常“改善生活”的做法，许多人也表示“经济负担过重”，但习惯了集体生活的年轻人，也是身不由己。

同吃比起来，在穿上，大学生们似乎达成了共识，即女孩穿时髦，男孩穿名牌。对此，有位学生谈了自己的看法：“服装也是一种语言，它从一个方面显示了一个人的内在修养。现在的大学生社会交往越来越多，在许多场合出入不只是服装整洁就可以说得过去的，更需要穿得讲究。所以，每个人拥有几套高档服装也是正常而且必要的。”同时，随着着装越穿越高档化，他们在日常用品上的消费，比如化妆品之类，也日益名牌化。

既要好好学习，又要好好生活，现代大学生的超前消费观念，已使他们成为家庭中的“花钱大户”。一位学生说：“现在我爸的工资就是我一个人花。”他今年准备考托福，除了要购买一大堆书籍、字典外，参加一个强化学习班也要交不少钱。他爸妈来信告诉他，不要为钱发愁，家里会尽可能满足他的要求。

对于那些家境宽裕的家庭而言，负担一个每月消费上千元的大学生经济上还可承受，而这种消费水平对于经济上并不宽裕的家庭来讲，显然是负担过重。在采访中笔者了解到，由于“消费能力”的不同，一些家庭贫困的学生和家庭富裕的学生在一些学校和班级里正拉开距离，形成各自的交际圈。

对此，许多教师表示忧虑，他们说，现在的大学生在交际观念、获取知识手段等各方面都与以往有了很大的不同。但是，这并不意味着就可以脱离自己或家庭的经济承受能力盲目消费。

与此同时，教师们还呼吁学生家长，即使经济上比较宽裕，也不要无节制地供给孩子零用钱，要有意识地培养孩子量入为出、合理安排自己收支的理财能力。

（选自《北京青年报》，赵雁唤文，有改动）

练　习

1. 根据课文内容判断正误：

（1）每月花费上千元的大学生毕竟是少数。（　　）

（2）与男生不同的是，女生的钱很多花在了吃上。（　　）

（3）男生们都喜欢去饭馆聚会。（　　）

（4）在穿着上，大学生们追求的是时髦、名牌服装。（　　）

（5）因为家里有钱，所以大学生们花费大。（　　）

（6）如今大学生只讲究吃穿，不好好学习。（　）
（7）对于大学生的超前消费，家长也负有一定的责任。（　）
（8）超前消费实际上就是一种盲目消费。（　）

2. 根据课文内容选择正确答案：

（1）学生追求高档化没表现在以下哪个方面？
A. 服装　B. 零食　C. 化妆品　D. 日常用品

（2）目前大学生们：
A. 只穿名牌西装　B. 服装只要整洁就行
C. 并不喜欢西服　D. 很注重穿着

（3）在大学形成不同交际圈的原因是：
A. 兴趣爱好不同　B. 经济条件有别
C. 交际观念不同　D. 消费观念不同

（4）超前消费带来的问题不包括：
A. 花钱无节制　B. 不知量入为出
C. 对学习产生不良影响　D. 增加家庭负担

（5）为解决超前消费，家长不应当：
A. 培养孩子量入为出的习惯
B. 只有经济不宽裕时，才限制孩子的消费
C. 培养孩子的理财能力
D. 不管经济条件如何，都要限制孩子的消费

3. 解释下列句中的画线词语：

（1）时下，在京城的大学校园里，每月花销在上千元的大学生并非少数。
（2）笔者在大学校园采访时发现，不少女生把钱都送往食品柜台了。
（3）男生们倒是省下了这笔零零碎碎的钱，可花在嘴上的钱却比女生只多不少。
（4）宿舍几个哥们儿少不了时常下下馆子改善一下生活。

(5) 但习惯了集体生活的年轻人，也是身不由己。

(6) 同吃比起来，在穿上，大学生们似乎达成了共识。

(7) 现代大学生的超前消费观念，已使他们成为家庭中的“花钱大户”。

(8) 要有意识地培养孩子量入为出、合理安排自己收支的理财能力。

4. 想一想，说一说：

你对大学生的超前消费有何看法？

第九课 Lesson 9

细读部分

生 词

1.	培育	péiyù	（动）	cultivate, foster
2.	婚姻	hūnyīn	（名）	marriage
3.	观赏	guānshǎng	（动）	enjoy the sight of
4.	郁郁葱葱	yùyùcōngcōng	（形）	lush and green
5.	稀罕	xīhan	（形）	rare, uncommon
6.	芽	yá	（名）	bud, sprout
7.	偶尔	ǒu'ěr	（副）	once in a while, occasionally
8.	应酬	yìngchou	（名）	social engagement
9.	敷衍	fūyǎn	（动）	act in a perfunctory manner
10.	瞅	chǒu	（动）	have or catch a glimpse (of something or somebody)
11.	干裂	gānliè	（动）	crack because of dryness
12.	责怪	zéguài	（动）	blame
13.	怠慢	dàimàn	（动）	cold-shoulder, slight
14.	挽救	wǎnjiù	（动）	save
15.	花肥	huāféi	（名）	fertilizer applied to potted plants
16.	叮嘱	dīngzhǔ	（动）	urge again and again
17.	呵护	hēhù	（动）	take good care of

18.	神采	shéncǎi	（名）	demeanour, mien
19.	栽培	zāipéi	（动）	cultivate, grow
20.	秘方	mìfāng	（名）	secret recipe
21.	情趣	qíngqù	（名）	interest, spice

注 释

1 巴西木：brazilwood，一种热带观赏植物。

2 玩意儿：也写成“玩艺儿”。口语词，指东西，事物。如：

这是什么玩意儿？

3 随着：介词，跟着。如课文里的句子：

丈夫随着职位的升迁，应酬也多了起来。

4 竟然：副词，表示出于意料之外。如课文里的句子：

有一次竟然两个月都忘了浇水，可它好像也无所谓。

5 无所谓：不在乎。如：

今天去还是明天去，我无所谓。

6 耷拉着脑袋：低着头，常形容没有精神、失望的样子。

7 意味深长：意思深刻，耐人寻味。

课 文

培育一个婚姻

字数：799 字　　阅读时间：8 分钟　　答题时间：15 分钟

结婚的时候，朋友送来一盆巴西木。那时，这种观赏植物刚刚进入普通家庭，大家还很仔细地围着研究了好一会儿。我和丈夫也觉得这么一盆郁郁葱葱的稀罕玩意儿确实给新房增色不少。

时间久了，我发现巴西木总是那副绿油油的模样，不开花也不结果，偶尔抽出新芽，长大了还是那个样子。

我们对它渐渐失去了兴趣，只有丈夫偶尔无所事事时才想起给它浇点儿水。后来，两个人工作都更忙碌了，我时不时地出差，丈夫随着职位的升迁，应酬也多了起来，两个人见面的时间都越来越少，更没心思去管巴西木了。有一次竟然两个月都忘了浇水，可它好像也无所谓。

一日接到朋友的电话，闲聊时她问起送给我们的巴西木怎么样了，我敷衍道："很好。"并瞅了它一眼，突然发现它的叶面上已蒙了厚厚的一层土，枝干都已干裂，而且还有几片黄叶耷拉着脑袋，我大叫一声"不好"，从沙发上冲了过去。朋友在电话里责怪道："你可不能怠慢它呀，你有没有注意到它的两根树干，紧紧地靠在一起，就好像婚姻里的两个人，相依相伴地过日子。"

我觉得朋友所言有理，忙把丈夫叫来，将这个说法告诉了他，丈夫也很紧张，说怎么也不能让这个"婚姻"死掉。于是，我们搬来了一大堆指导书，开始认真地投入到挽救"婚姻"的工作中去。我特地跑到花卉市场请教该如何照料它，每次看到电视上介绍这种植物时也都分外留心，我还买来了专用花肥，定时给它浇水，丈夫也时常给它修修黄叶，擦擦叶面，每逢休息日，我们还把它搬到阳台上换换空气，就连出差，也不忘叮嘱对方要照看它。

在我和丈夫的精心呵护下，巴西木终于又恢复了神采，并且抽出了好多新芽，它又重新变得郁郁葱葱起来。朋友们见了赞不绝口，还经常向我们请教栽培秘方。我和丈夫共同挽回了一个巴西木的“婚姻”，我们的生活也因此增添了许多情趣。

我把这个好消息告诉了朋友，朋友意味深长地说：“知道我为什么送你巴西木了吗？美满的婚姻就像培育巴西木一样，需要两个人一起用心地呵护啊！”

（选自《中国青年报》，白金文，有改动）

练　习

1. 根据课文内容回答下列问题：

（1）朋友来电话前夫妻俩对巴西木怎么样？

____

（2）朋友来电话时巴西木已经怎么样了？

____

（3）他们夫妻俩是怎样挽救巴西木的？

____

（4）他们后来为什么对巴西木那么精心照看了？

____

（5）朋友为什么送他们巴西木？

____

（6）本文告诉了我们什么道理？

____

2. 解释下列句中的画线词语：

（1）我和丈夫也觉得这么一盆郁郁葱葱的稀罕玩意儿确实给新房增色不少。

（2）我发现巴西木总是那副绿油油的模样，不开花也不结果。

（3）只有丈夫偶尔无所事事时才想起给它浇点儿水。

（4）后来，两个人工作都更忙碌了。
（5）两个人见面的时间都越来越少，更没心思去管巴西木了。
（6）有一次竟然两个月都忘了浇水，可它好像也无所谓。
（7）枝干都已干裂，而且还有几片黄叶耷拉着脑袋。
（8）我觉得朋友所言有理，忙把丈夫叫来，将这个说法告诉了他。
（9）每次看到电视上介绍这种植物时也都分外留心。
（10）每逢休息日，我们还把它搬到阳台上换换空气。
（11）朋友们见了赞不绝口，还经常向我们请教栽培秘方。

3. 选择恰当的词语填空：

（1）这种盆栽的观赏植物刚刚进入普通家庭，大家还很仔细地______着研究了好一会儿。

A. 绕　　B. 围　　C. 圈　　D. 转

（2）我时不时地出差，丈夫______职位的升迁应酬也多了起来。

A. 随着　　B. 跟着　　C. 随同　　D. 跟随

（3）有一次______两个月都忘了浇水，可它好像也无所谓。

A. 偶然　　B. 突然　　C. 竟然　　D. 究竟

（4）我______跑到花卉市场请教该如何照料它。

A. 特别　　B. 独特　　C. 特地　　D. 个别

（5）在我和丈夫的精心呵护下，巴西木终于又______了神采。

A. 恢复　　B. 复原　　C. 反复　　D. 重复

（6）朋友们见了赞不绝口，还经常向我们______栽培秘方。

A. 请求　　B. 请示　　C. 辅导　　D. 请教

（7）我和丈夫共同挽回了一个巴西木的“婚姻”，我们的生活也因此______了许多情趣。

A. 添加　　B. 添上　　C. 增添　　D. 增多

快读课文

生词

1.	女神	nǚshén	（名）	goddess
2.	悦耳	yuè'ěr	（形）	pleasant to the ear
3.	举止	jǔzhǐ	（名）	bearing
4.	优雅	yōuyǎ	（形）	graceful
5.	逗	dòu	（动）	try to make people laugh
6.	介意	jièyì	（动）	（usually used in the negative）take offence, mind
7.	珍惜	zhēnxī	（动）	treasure, cherish
8.	辞退	cítuì	（动）	fire, lay off
9.	胆怯	dǎnqiè	（形）	timid, cowardly
10.	恼火	nǎohuǒ	（形）	annoyed, irritated
11.	伤感	shānggǎn	（形）	sick at heart, sentimental
12.	笑盈盈	xiàoyíngyíng	（形）	smiling
13.	唾沫	tuòmo	（名）	saliva
14.	半晌	bànshǎng	（名）	a long time, quite a while

课 文

三分钟的爱情

字数：978字　　阅读时间：5.5分钟　　答题时间：14分钟

从车站到公司的办公楼有二百多米，以小林的步子要走274步，用时整三分钟。

每天早晨小林在这个车站等张雪下车，然后一起去公司。在小林眼里，张雪简直是个女神，她的声音是那么悦耳动听，举止又是那么优雅。小林和她在一起走，总是说些笑话逗她开心，张雪也常常被他逗笑，露出一口洁白的牙齿。那时小林就觉得自己十分幸福，自然地挺直了腰，和张雪一起说笑，并不介意行人的目光。

可惜小林每天和张雪在一起的时间只能有这三分钟，这样一来小林就更加珍惜这三分钟，他总是提前一个小时出家门，以便比张雪更早地赶到车站。

小林从来没试过约张雪出去，他不知张雪对自己是怎么想的，他担心如果说了，说不定会失去每天这美好的三分钟。

其实三个月前小林已经被公司辞退了，可第二天还是早早起床去车站等张雪，一起走到公司楼下，装作去上班的样子，等张雪一上楼，就转身出来。但今天是最后一次了，因为小林找到了另外一份工作。

张雪知道小林喜欢自己，她从一开始就感觉得到，而且她也很喜欢小林。但她对小林的胆怯有些恼火，她一直在等小林约她出去，对她说那句话。可这一等就等到现在，有什么办法呢？这话总不能让一个女孩先开口说出来吧。

张雪今天有一件重要的事要告诉小林，也许以后再也没有机会见到他了。原来，三个月前张雪也被公司辞退了，她每天来公司，只是为了陪小林走这美好的三分钟！而今天也是她的最后一次。

车门开了，她一眼就看见小林靠着站牌站在那里。

小林知道这是自己最后一次和张雪一起走这三分钟，他有些伤感，看到张雪笑盈盈地站在面前，觉得嗓子一热，他咽了口唾沫，把头转过去，不想让张雪看到他的眼圈有点儿发红。

张雪和小林并肩走着，这次张雪走得很慢，小林却没有发现。他咳了两声，想说些什么，却又不知从何说起，就叹了口气。原来想好的话一下子都不见了。"也许到公司门口再说比较好，能这样多走一会儿也是好的。"他想。

张雪也不知那件事该如何说出口。"也许他只是喜欢和我一起走走呢。"张雪想，有些垂头丧气。

小林到底没敢说出那句话，他们在电梯口平静地分了手，小林用连自己都几乎听不到的声音说了声："再见。"张雪不想让小林看到自己的泪水，她匆匆地进了电梯。

小林在电梯门口又站了半晌，该说的话终于没有说出来，他对自己很恼火，但他只能在心里安慰自己：也许你会慢慢忘记张雪，忘记这每天三分钟的爱情，会结婚……

（选自《中国青年报》，禹石文，有改动）

练　习

1. 根据课文内容判断正误：

（1）小林每天在车站等张雪和她一起坐车去公司。（　）

（2）小林和张雪是同时被公司辞退的。（　）

（3）小林和张雪每天在一起的时间只有三分钟。（　）

（4）小林拿不准自己是否爱张雪，所以一直没向她表白。（　）

（5）张雪到公司的时间从来都比其他同事早很多。（　）

（6）张雪不好意思向小林表白自己的感情。（　）

（7）其实张雪早就知道小林被公司辞退的事了。（ ）

2. 根据课文内容回答下列问题：

（1）小林心目中的张雪怎么样？

____

（2）小林为什么总是提前一个小时出门？

____

（3）小林被公司辞退后，每天怎么样？

____

（4）张雪为什么不主动向小林表白自己的感情？

____

（5）张雪今天想告诉小林什么重要的事？

____

（6）小林今天为什么有点儿伤感？

____

3. 解释下列句中的画线词语：

（1）她的声音是那么<u>悦耳动听</u>，<u>举止</u>又是那么优雅。

（2）小林……和张雪一起说笑，并<u>不介意</u>行人的目光。

（3）他总是提前一个小时出家门，<u>以便</u>比张雪更早地赶到车站。

（4）她对小林的<u>胆怯</u>有些<u>恼火</u>，她一直在等小林约她出去，对她说那句话。

（5）张雪和小林<u>并肩</u>走着，这次张雪走得很慢，小林却没有发现。

（6）“也许他只是喜欢和我一起走走呢。”张雪想，有些<u>垂头丧气</u>。

（7）小林在电梯门口又站了<u>半晌</u>，该说的话终于没有说出来。

4. 想一想，说一说：

请你给这篇小说加上一个结尾。

第十课 Lesson 10

细读部分

生 词

1.	聚精会神	jù jīng huì shén		concentrate one's attention on
2.	瘫痪	tānhuàn	（动）	be paralyzed
3.	辍学	chuòxué	（动）	drop out of school
4.	破灭	pòmiè	（动）	be shattered, be disillusioned
5.	谋生	móushēng	（动）	make a living
6.	激烈	jīliè	（形）	intense
7.	宣布	xuānbù	（动）	declare, announce
8.	恭恭敬敬	gōnggōngjìngjìng	（形）	very respectful, respectfully
9.	俨然	yǎnrán	（副）	just like
10.	录取	lùqǔ	（动）	enroll, admit
11.	代理	dàilǐ	（动）	act for a person in a responsible position
12.	条理	tiáolǐ	（名）	orderliness
13.	纯真	chúnzhēn	（形）	pure, innocent

专 名

1.	王荔	Wáng Lì	name of a person
2.	董世芝	Dǒng Shìzhī	name of a person

注 释

1 饱经沧桑（cāngsāng）：形容经历过很多世事变迁。沧桑：比喻世事变化大。

2 年逾（yú）古稀：指人70多岁。逾，超过。古稀，指人70岁。

3 雾都：指重庆，重庆有中国的“雾都”之称。

4 自强自立：自强，自己努力向上。自立，不依靠别人，靠自己的劳动而生活。

课 文

小鸟断了翅膀之后

字数：987字　　阅读时间：11分钟　　答题时间：12分钟

一位头发花白的老婆婆，用她那不老的双脚，为了外孙女的未来走出一个美丽感人的故事。

重庆市学田湾计算机职业高中一年级的教室里，坐着一位头发花白、戴一副高度近视眼镜的老婆婆，她正聚精会神地听老师讲课。在几十张年轻的脸中间，她那爬满皱纹、饱经沧桑的面容格外引人注目。

从1991年秋天到现在，这位年逾古稀的老婆婆日复一日、年复一年，风里来，雨里去，和一群十几岁的少年同窗共读。

故事是这样开始的：

雾都重庆有个不幸的小姑娘叫王荔，由于患有先天性疾病造成下肢瘫痪。但是她喜欢读书，在家人的帮助下，她勉强读到了小学四年级。没想到病情又突然加重，只好辍学。

小鸟的翅膀断了，飞翔的希望没了，读书的梦想破灭了。

外婆董世芝望着日日以泪洗面的小王荔，心里难受极了："将来，王荔要靠自己谋生，要自强自立，没有知识怎么行呢？"几番激烈的思考之后，董婆婆向女儿女婿宣布了一个惊人的决定："从今以后，我来替王荔上学。"

那是1991年11月的一个清晨，董婆婆匆匆吃过早饭，装上王荔的课本和笔记本来到学校，她恭恭敬敬地向班主任解释说："老师，王荔病重无法到校上课了，可孩子想念书啊……从今天起，我来帮助她听课，您可一定要答应。"老师心头一热，答应了。

上课了，董婆婆往小凳上一坐，掏出课本和笔记本放在课桌上，聚精会神地听课，俨然是一名听话的好学生。

董婆婆每天要跑三四个来回，从家里到学校，从学校返家，到王荔家讲课，布置作业，早自习、晚自习……重庆的楼房建在山上，董婆婆每天要先爬山，再爬楼梯。

六年过去了，靠着外婆的帮助和自己的努力，王荔初中毕业考试成绩超过了重点高中录取线，被离家较近的重庆市学田湾计算机职业高中录取。

和过去一样，王荔的听课依然由外婆"代理"。外婆奔忙于学校和家庭之间。

进入高中，课程一下加重了许多，年迈的董婆婆感到更吃力了，但她从没对任何人叫过一声苦。遇到没听懂的地方，一下课便找老师问个不停。有一次老师检查课堂笔记，董婆婆的9个笔记本，每一本都字迹工整、条理清楚，老师再也忍不住，流下热泪。学校的老师都被董婆婆感动了，他们自愿地组织起来，利用业余时间到王荔家，为这位坚强好学的少女辅导功课。

日子一天天过去，如今老婆婆依然提着那个装满教科书和笔记本的蓝布包，走在"上学"的路上。只要一天不倒下，她就会为外孙女那年轻纯真的梦想奔走下去……

（选自《人民画报》，江南忆文，有改动）

练 习

1. 根据课文内容选择正确答案：

（1）本文讲的是：

A. 董婆婆坚韧、好学的故事

B. 残疾少女王荔的故事

C. 董婆婆代王荔读书的故事

D. 董婆婆给外孙女代课的故事

（2）董婆婆为什么要去“上学”？

A. 她很好学

B. 她非常疼爱自己的外孙女

C. 她觉得王荔太可怜了

D. 她希望王荔以后能独立生活

（3）董婆婆从什么时候起替王荔上学？

A. 小学一年级　　B. 小学四年级

C. 初中　　D. 高中一年级

（4）进入高中以后，董婆婆：

A. 更加努力了　　B. 感到功课更重了

C. 不懂的地方更多了　　D. 上课一有问题马上问老师

（5）下面哪一点课文中没谈到？

A. 重庆多雾　　B. 重庆风雨多

C. 重庆多山　　D. 重庆的楼房建在山上

2. 选择恰当的词语填空：

（1）一位头发______的老婆婆，用她那不老的双脚，为了外孙女的未来走出一个美丽感人的故事。

A. 很白　　B. 白白　　C. 花白　　D. 挺白

（2）没想到病情又突然加重，只好______。

A. 辍学　　B. 停学　　C. 下学　　D. 放学

（3）董婆婆向女儿女婿______了一个惊人的决定。

A. 宣告　　B. 宣布　　C. 说明　　D. 宣传

（4）董婆婆______吃过早饭，装上王荔的课本和笔记本来到学校。

A. 匆匆　　B. 忙忙　　C. 急急　　D. 快快

（5）和过去一样，王荔的听课______由外婆“代理”。

A. 虽然　　B. 当然　　C. 依然　　D. 显然

（6）进入高中，课程一下加重了许多，年迈的董婆婆感到更______了。

A. 尽力　　B. 吃力　　C. 卖力　　D. 无力

（7）学校的老师自愿地组织起来，______业余时间到王荔家，为这位坚强好学的少女辅导功课。

A. 利用　　B. 运用　　C. 使用　　D. 借用

3. 解释下列句中的画线词语：

（1）她正聚精会神地听老师讲课。

（2）她那爬满皱纹、饱经沧桑的面容格外引人注目。

（3）这位年逾古稀的老婆婆日复一日、年复一年，风里来，雨里去，和一群十几岁的少年同窗共读。

（4）外婆董世芝望着日日以泪洗面的小王荔，心里难受极了。

（5）老师心头一热，答应了。

（6）她聚精会神地听课，俨然是一名听话的好学生。

（7）遇到没听懂的地方，一下课便找老师问个不停。

快读部分

生 词

1.	聋	lóng	（形）	deaf
2.	奇迹	qíjì	（名）	miracle
3.	事迹	shìjì	（名）	story
4.	改编	gǎibiān	（动）	be based on
5.	口型	kǒuxíng	（名）	the shape of the mouth as somebody speaks
6.	背诵	bèisòng	（动）	recite, repeat from memory
7.	保送	bǎosòng	（动）	recommend somebody for admission to school（without taking the entrance examination）
8.	话剧	huàjù	（名）	modern drama, stage play
9.	逾越	yúyuè	（动）	exceed, go beyond
10.	转机	zhuǎnjī	（名）	a turn for the better
11.	编辑	biānjí	（名）	editor
12.	孤寂	gūjì	（形）	lonely
13.	唯独	wéidú	（副）	only, alone
14.	黯淡	àndàn	（形）	gloomy
15.	遭遇	zāoyù	（名）	（bitter）experience,（hard）lot
16.	领悟	lǐngwù	（动）	comprehend, grasp
17.	精华	jīnghuá	（名）	cream, essence

专　名

1.	王峥	Wáng Zhēng	name of a person
2.	周婷婷	Zhōu Tíngting	name of a person

注　释

1 圆周率（π）：圆周长度与圆的直径长度的比。计算时常取 3. 14 为它的近似值。

2 国家教委："国家教育委员会"的简称。现名称为中国教育部。

3 特批：特别批准。

4 名列前茅：成绩在前几名。

5 位居榜首：居，处在。榜首，榜上公布的名单中的首位，泛指第一名。也说"名列榜首"。

6 关怀备至：对人的关心全面、周到。

课　文

盲聋姐妹创造生命奇迹

字数：922 字　　阅读时间：5 分钟　　答题时间：10 分钟

最近在北京各大影院放映的彩色故事片《不能没有你》，是根据辽宁师范大学教育系两名与众不同的大学生的事迹改编而成的。影片中的两个主角就由现实生活中的王峥（盲障 0.04）和周婷婷（聋障 95

分贝）自己扮演。为了克服学习、生活和家庭的困难，这对盲聋姐妹“你帮我听，我帮你看”，以自强不息的精神，创造了生命的奇迹。

周婷婷不幸自幼双耳全聋，到了3岁还不会发声。父亲不忍女儿一生生活在无声的世界中，经过几百个日日夜夜的艰辛与努力，不仅在周婷婷6岁时教会她认识两千个汉字，而且教会她看口型和人交流。周婷婷8岁时就能背诵圆周率小数点后一千位数字；只用了4年读完小学；用两年读完初中后以全班第二的好成绩考进了重点高中；又因为成绩优秀，在高二时经国家教委特批，被保送进了辽宁师范大学教育系本科。周婷婷兴趣广泛，在功课之余喜爱文学艺术，10岁时出版过一本书《从哑女到神童》，中学时代还登台演过话剧。

和周婷婷同时被国家教委特批进入辽师大的王峥，曾经也有过一双明亮美丽的大眼睛，可是上小学二年级时因眼底病变，视力不断下降，靠用20倍的放大镜看书和同学的帮助，坚持上完了小学，成绩在班里一直名列前茅。中学毕业，凭王峥的成绩考上中专不成问题，但体检却成了一道不可逾越的难关。命运给她唯一的转机是青岛开办了全国第一所盲人高中，使她又有了新的奋斗希望。在盲校里，她的成绩一直位居榜首，并以优异的成绩通过了山东省高中的各科考试。她还自学了日语，可以和日本人交谈；她还是校广播站的站长、校报的编辑。

周婷婷：上大学后，能够遇到王峥，是我最大的幸运。尽管老师和同学对我们关怀备至，但在众人开心地聊天时，只有王峥最理解我内心的孤寂；同样当别人为迷人的风景陶醉时，只有我知道为什么唯独王峥神情黯淡。同样的命运和遭遇使我们的心更加贴近了。我暗下决心：我要让她看到我看到的一切。

王峥：学习中我最头疼的就是抄课堂笔记。婷婷对我说：“别着急，我来帮你。”于是我上课只需聚精会神地听课，努力领悟教学内容的精华。下课后，婷婷几乎借遍全班同学的课堂笔记，整理出全班最好的笔记。晚上婷婷把她的笔记念给我听，同时我也为她讲述课堂上老师指出的难点和精彩片段。我尽量做到要让她听到我听到的一切。

练　习

1. 根据课文内容选择正确答案：

（1）电影《不能没有你》讲的故事是：

A. 现实生活中真实存在的　　B. 根据同名小说改编的

C. 是两位大学生写的故事　　D. 并不是现实生活中存在的故事

（2）周婷婷如何跟人交流？

A. 别人能看懂她的口型　　B. 她能辨别别人的口型

C. 她学会了写字　　D. 王峥热情地帮助她

（3）下面哪件事周婷婷没做过？

A. 出书　　B. 演话剧　　C. 改编小说　　D. 演电影

（4）周婷婷和王峥在大学里怎么学习？

A. 一个认真听，一个认真记，互相交流

B. 晚上周婷婷把听到的都告诉王峥

C. 王峥把老师讲的全部讲给婷婷

D. 王峥念，周婷婷赶快记

（5）她们为什么能成为好朋友？

A. 她们都听不懂别人说的话

B. 她们俩互相理解

C. 正常人很难理解她们

D. 她们是残疾人，无法同大家一起开心地玩

2. 根据课文内容判断正误：

（1）周婷婷和王峥自己主演了讲述她们的故事的电影。　（　　）

（2）周婷婷和王峥都以优异的成绩考上了大学。　（　　）

（3）王峥有一双美丽的大眼睛，可她从小就双目失明。　（　　）

（4）周婷婷上课记的笔记是全班最好的。　（　　）

（5）王峥虽然看不见，可周婷婷却像是她的眼睛。　（　　）

3. 解释下列句中的画线词语：

(1)《不能没有你》是根据辽宁师范大学教育系两名与众不同的大学生的事迹改编而成的。

(2) 周婷婷不幸自幼双耳全聋，到了 3 岁还不会发声。

(3) 在高二时经国家教委特批，被保送进了辽宁师范大学教育系本科。

(4) 周婷婷兴趣广泛，在功课之余喜爱文学艺术。

(5) 王峥坚持上完了小学，成绩在班里一直名列前茅。

(6) 凭王峥的成绩考上中专不成问题，但体检却成了一道不可逾越的难关。

(7) 在盲校里，她的成绩一直位居榜首。

(8) 尽管老师和同学对我们关怀备至，但在众人开心地聊天时，只有王峥最理解我内心的孤寂。

(9) 同样当别人为迷人的风景陶醉时，只有我知道为什么唯独王峥神情黯淡。

(10) 于是我上课只需聚精会神地听课，努力领悟教学内容的精华。

第十一课 Lesson 11

细读部分

生 词

1.	扩建	kuòjiàn	（动）	extend (a building)
2.	拆	chāi	（动）	pull down
3.	孤零零	gūlínglíng	（形）	solitary, forlorn
4.	墙基	qiángjī	（名）	the foot of a wall
5.	打量	dǎliang	（动）	look somebody or something up and down
6.	老朽	lǎoxiǔ	（形）	decrepit and behind the times
7.	目送	mùsòng	（动）	watch somebody go
8.	风烛残年	fēng zhú cán nián		old and ailing like a candle glittering in the wind
9.	触目惊心	chù mù jīng xīn		shocking by the sight
10.	无动于衷	wú dòng yú zhōng		unconcerned
11.	怀旧	huáijiù	（动）	recall past events or old friends (usually with kindly thoughts)
12.	面貌	miànmào	（名）	appearance (of something), look
13.	拜见	bàijiàn	（动）	pay a formal visit
14.	整容	zhěng róng	（动）	face-lift
15.	失落	shīluò	（形）	sense of loss
16.	茫然	mángrán	（形）	dazed

17.	特征	tèzhēng	（名）	characteristic, feature
18.	标志	biāozhì	（名、动）	symbol; symbolize
19.	重温	chóngwēn	（动）	review
20.	往事	wǎngshì	（名）	past events, the past
21.	挽留	wǎnliú	（动）	urge（or persuade）somebody to stay
22.	徒劳	túláo	（形）	make a futile effort

注 释

1 失忆症：一种致使人失去记忆的疾病。

2 （电视）连续剧：分为若干集，在电视台连续播放的情节连贯的电视剧。

3 动真格的：口语词，用真实能力去做或实际地去做。

4 夷（yí）为平地：破坏建筑物，使成为平地。夷，破坏建筑物。

5 抢镜头：常指摄影记者抓住机会、抢拍某个场面。

6 立交桥：指立体交叉的桥梁，不同去向的车辆可以同时通行。

7 形形色色：各种各样。

8 取而代之：排除别人或别的事物而代替其位置。

9 绞尽脑汁：费尽心思，想尽办法。

课文

城市失忆症

字数：778字　阅读时间：8分钟　答题时间：13分钟

有一段我上班必经的街道，正在进行扩建，我每天都要骑着自行车在尘土飞扬的大工地上穿行，就跟看一部连续剧似的：刚开始路两边的老式平房墙上，用白粉刷了个大大的“拆”字，一眼望去，有成百上千个“拆”字；没多久就动真格的了，平房的屋顶全掀了，门窗也拆了，只剩下孤零零的墙基；再后来连墙基也没了，全夷为平地。马路顿时变宽了。在这过程中，我经常看见手持相机的业余摄影者，在即将消失的四合院与胡同里钻来钻去，这是真正的“抢”镜头——再不抢就没有了。我没带相机，却也将车稍停片刻，深情地去打量那些老房子——人去楼空，它们似乎一夜之间就老朽了。我是目送着这风烛残年的老风景从我们的生活中消失的。

我害怕看见那个触目惊心的大大的“拆”字。不知道为什么，看见盖再高的新楼，我都无动于衷；而遇上拆老房子，我总有心疼的感觉。像拔牙似的，拆一座就少一座呀！看来我是个喜欢怀旧的人。近年来北京究竟拆了多少老房子，无法计算。我只知道许多街道、胡同、老居民区都改变了面貌。再去看看，就像拜见一位做了整容手术的老朋友，有淡淡的失落。有时候面对那些新出现的立交桥、广告牌或星级饭店，我更像个失忆症患者一样茫然，都认不清路了。

对于整座城市而言，也在一部分一部分地失去自己的记忆，失去记忆的特征与标志，最终如同新生婴儿般简单。若干年之后，我们要想重温往事，只能借助古书或老照片了。所以我尊敬那些抢拍老房子风貌的摄影者——他们在努力使现实与历史合影。他们在用相机，挽留着古老的风景和失去的时光。

随着大规模的拆迁与改建，那座记忆中的古城逐渐远去了，取而代之的是形形色色现代化的建筑。北京，越活越年轻了。我们一边在忘掉它的陈旧，一边又要适应它的年轻——两者似乎都不困难。困难的是多年后，我们将绞尽脑汁地回忆它过去的容貌——就像徒劳地回忆童年时代的经历，似乎什么都发生过，又似乎什么都没发生过。

（选自《北京青年报》，洪烛文，有改动）

练　习

1. 根据课文内容选择正确答案：

（1）“城市失忆症”在课文里用来：

A. 指一种疾病　　B. 嘲笑老朽的房屋

C. 比喻城市没有发展　　D. 表示怀旧的心情

（2）作者对拆除古旧建筑的心情是：

A. 气愤　　B. 不满　　C. 赞成　　D. 惋惜

（3）面对越来越年轻的城市，作者感到：

A. 无动于衷　　B. 仿佛失去了记忆

C. 心疼　　D. 触目惊心

（4）作者为什么觉得自己像个失忆症患者？

A. 他失去了所有的记忆

B. 他想不起以往城市的模样了

C. 立交桥、广告牌太多了

D. 自己能记住的往事越来越少

（5）作者认为如此拆迁与改建会使古城：

A. 从我们的记忆中消失　　B. 成为一片废墟

C. 似乎从来没存在过　　D. 更加年轻美丽

（6）作者通过本文，向我们提出了城市：

A. 发展与保护的问题　　B. 环境保护的问题

C. 文物保护的问题　　D. 建筑风格问题

2. 选择恰当的词语填空：

（1）我每天都要骑着自行车在尘土______的大工地上穿行，就跟看一部连续剧______。

A. 纷飞　B. 飞扬　C. 飞起　D. 飞舞

A. 相似　B. 好像　C. 似的　D. 似乎

（2）我经常看见手持相机的业余摄影者，在______消失的四合院与胡同里______。

A. 马上　B. 立刻　C. 赶快　D. 即将

A. 钻来钻去　B. 钻去钻来　C. 钻过去　D. 钻过来

（3）我是目送着这风烛残年的老风景从我们的生活中______的。

A. 消失　B. 丢失　C. 失去　D. 失落

（4）我只知道许多街道、胡同、老居民区都改变了______。

A. 面子　B. 面貌　C. 容貌　D. 外貌

（5）对于______城市而言，也在一部分一部分地失去自己的记忆。

A. 全部　B. 全　C. 整座　D. 完整

（6）若干年之后，我们要想______往事，只能借助古书或老照片了。

A. 重想　B. 重回　C. 重温　D. 重新

（7）就像徒劳地回忆童年时代的______，似乎什么都发生过，又似乎什么都没发生过。

A. 经过　B. 通过　C. 历史　D. 经历

3. 解释下列句中的画线词语：

（1）我每天都要骑着自行车在尘土飞扬的大工地上穿行。

（2）一眼望去，有成百上千个“拆”字。

（3）平房的屋顶全掀了，门窗也拆了，只剩下孤零零的墙基。

（4）我经常看见手持相机的业余摄影者，在即将消失的四合院与胡同里钻来钻去。

（5）我没带相机，却也将车稍停片刻。

（6）我害怕看见那个触目惊心的大大的“拆”字。

（7）不知道为什么，看见盖再高的新楼，我都无动于衷。

（8）若干年之后，我们要想重温往事，只能借助古书或老照片了。

（9）那座记忆中的古城逐渐远去了，取而代之的是形形色色现代化的建筑。

快读部分

生　词

1.	想象	xiǎngxiàng	（动）	imagine
2.	领域	lǐngyù	（名）	field, area, domain
3.	预测	yùcè	（动）	predict, forecast
4.	分辨	fēnbiàn	（动）	distinguish, differentiate
5.	卫士	wèishì	（名）	guard
6.	监督	jiāndū	（动）	supervise
7.	制订	zhìdìng	（动）	work out, formulate
8.	通信	tōngxìn	（名）	communication

9.	虚拟	xūnǐ	（形）	virtual
10.	接触	jiēchù	（动）	come into contact with
11.	航天	hángtiān	（名）	spaceflight
12.	太空	tàikōng	（名）	outer space
13.	光速	guāngsù	（名）	velocity of light
14.	预言	yùyán	（名、动）	prediction; foretell
15.	证券	zhèngquàn	（名）	securities
16.	炒股	chǎo gǔ		speculate in the stock market
17.	参与	cānyù	（动）	participate in, involve oneself in

注　释

1 日新月异：每天每月都有新的变化，形容变化、发展很快。

2 征文活动：报纸杂志等为某一主题而公开征集文章的活动。

3 环保产品：能起到环境保护作用的产品。

4 分门别类：根据事物的特性分成许多门类。

5 捉迷藏：儿童游戏，一人蒙住眼睛，去捉在他身边来回躲避的人。

6 无拘无束：不受任何约束，形容自由自在。

7 岂不：表示反问，不是……吗？如：

这么好的机会你错过了，岂不可惜？

8 源于：从……而来，来自。如课文里的句子：

每个人的梦想大都源于身边的生活。

课 文

我的未来之梦

字数：992 字　　阅读时间：5.5 分钟　　答题时间：12 分钟

面对这个日新月异的时代，谁又能想象出未来十年、二十年的人类将会怎样？为此本报特举办“我的未来之梦”征文活动。请你尽情地想象未来人类的衣食住行、爱情婚姻、升学就业等各个领域将会发生怎样的变化，无论是人与人之间，还是人与环境之间，只要是关于未来的，你尽可以大胆想象。

请你展开想象的翅膀，看看你的预测是否足够大胆，能否真的实现。

每个人都会有自己的梦想，对事业对生活，对人类对自然，这是一个放飞梦想的时刻。

北京市八一中学的曹越同学梦想当个科学家，发明一些环保产品，比如一个特别的垃圾桶，它能分辨出不同的垃圾，然后再分门别类地将这些垃圾送到它们该去的地方。因为她是个环保小卫士，她希望人们生活的世界变得越来越明净美好。三岁的小田田还在上幼儿园，可是幼儿园的食物他不爱吃，他觉得未来的食物应该是长在地里面，各种形状，各种颜色，各种味道，可以和小朋友一边捉迷藏一边吃饭，再也不用让老师监督了。

如果说孩子们的梦想都充满了浪漫色彩，而成年人的梦想和孩子们的梦想就不尽相同了，相对来说，更多了些现实的东西。李洁是一位文字工作者，天天晚睡晚起，自己无拘无束很自在，可是轮到和朋友聚一下却很难，因为她休息的时候，别人都在上班，想找些玩伴都不易。她希望在未来，大家都不要再为八小时拼命，每个人可以按需制订自己的工作计划，安排工作时间，借助各种先进的通信手段，人们可以将工作解决在各种虚拟环境中。而人与人之间直接的接触更多的是为了娱乐与休息。

吴健生教授是位航天工作者，他一直从事卫星的研究，已经56岁，为了能抓住溜走的时间，探索更广阔的太空，他希望能够尽快发明光帆，这个光帆可以利用光压达到光速，再加上一些其他的动力，超光速不就实现了？那么时光岂不可以倒流？这样他就会有足够的时间，做更多的研究，去探索更遥远的太空。有人预言，网络在未来肯定会扮演更重要的角色。在证券公司工作的梁先生觉得将来的证券交易所也许没有必要了，人们全都坐在家里炒股。一位政府官员觉得，随着社会的发展，人们会得到各种自己想得到的东西，人们按照自己的能力特长就业，所以，对金钱的欲望将会越来越弱，世界将会更加和谐。

每个人的梦想都不一样，可有一样是大致相同的，就是我们的梦想离不开我们的现实生活，每个人的梦想大都源于身边的生活，不信，那你也梦想一下。欢迎参与本报“我的未来之梦”征文活动，放飞你的梦想，放飞你的未来。

(选自《北京青年报》，牛金荣文，有改动)

练　习

1. 根据课文内容选择正确答案：

(1) 成年人的梦想与孩子有何不同？

A. 成年人的梦想更现实一些

B. 孩子的梦想都是不能实现的

C. 成年人的梦想都跟工作有关系

D. 孩子的梦想与成年人大致相同

（2）本文一共谈了几个梦想？

A. 四个　　B. 五个　　C. 六个　　D. 七个

（3）下面哪种梦想不是本文提到的？

A. 人们的各种需求都会得到满足

B. 不用整天为了工作奔忙了

C. 金钱的吸引力越来越弱

D. 不用在虚拟的环境中工作了

（4）吴教授想发明的“光帆”有什么作用？

A. 使时间延长　　B. 可以去探索更遥远的太空

C. 从事卫星研究　　D. 使时光倒流

（5）这些人梦想的相同之处是：

A. 都是很难实现的　　B. 都充满浪漫色彩

C. 都跟现实生活有某种联系　　D. 都是关于身边的生活环境的

2. 根据课文内容填空：

（1）曹越梦想当个科学家，发明一些________，使世界变得越来越________。

（2）小田田不喜欢吃幼儿园的饭菜，所以他希望食物________，可以一边________一边吃饭，不用老师________了。

（3）李洁希望在未来，大家都不要再为八小时________，每个人可以借助各种先进的________，将工作解决在各种________中。而人与人之间直接的接触更多的是为了________。

（4）吴健生教授希望时光________，这样他就会有________，做更多的研究，去探索________。

（5）一位政府官员觉得，随着________，人们会得到各种________，所以，对金钱的欲望将会________，世界将会更加________。

（6）每个人的________都不一样，可有一样是________的，就是我们的梦想离不开我们的________生活，每个人的梦想大都源于身边的________。

3. 选择恰当的词语填空：

(1) 面对这个日新月异的时代，谁又能______出在未来十年、二十年的人类将会怎样？

A. 想到　B. 想起　C. 想象　D. 相像

(2) ______是人与人之间，还是人与环境之间，只要是关于未来的，你尽可以大胆想象。

A. 无论　B. 就是　C. 只有　D. 如果

(3) 北京市八一中学的曹越同学梦想当个科学家，______一些环保产品。

A. 发现　B. 发展　C. 发明　D. 发表

(4) 它能______出不同的垃圾，然后再分门别类地将这些垃圾送到它们该去的地方。

A. 分析　B. 分开　C. 分一分　D. 分辨

(5) 她希望人们生活的世界______越来越明净美好。

A. 变得　B. 变成　C. 变变　D. 改变

(6) 孩子们的梦想都______了浪漫色彩，而成年人的梦想和孩子们的梦想就不尽相同了。

A. 充分　B. 充满　C. 满是　D. 满满

(7) ______各种先进的通信手段，人们可以将工作解决在各种虚拟环境中。

A. 借助　B. 借用　C. 经过　D. 帮助

(8) 吴健生教授是位航天工作者，他一直______卫星的研究。

A. 做　B. 从事　C. 关于　D. 有关

(9) 每个人的梦想都不一样，可有一样是大致______的。

A. 相同　B. 同样　C. 近似　D. 相近

第十二课 Lesson 12

细读部分

生 词

1.	体质	tǐzhì	（名）	physique, constitution
2.	大体上	dàtǐshang	（副）	on the whole, by and large
3.	调节	tiáojié	（动）	regulate, adjust
4.	平衡	pínghéng	（名、动）	balance
5.	保健	bǎojiàn	（名）	health care
6.	区分	qūfēn	（动）	differentiate; distinguish
7.	粗略	cūlüè	（形）	rough
8.	反之	fǎnzhī	（连）	whereas, on the other hand, conversely
9.	酸性	suānxìng	（名）	acidity
10.	碱性	jiǎnxìng	（名）	alkalinity
11.	微弱	wēiruò	（形）	feeble, weak
12.	中和	zhōnghé	（动）	neutralize
13.	高血压	gāoxuèyā	（名）	high blood pressure
14.	神经衰弱	shénjīng shuāiruò		neurasthenia
15.	愈合	yùhé	（动）	(of a wound) heal
16.	症状	zhèngzhuàng	（名）	symptom
17.	摄取	shèqǔ	（动）	take in

18.	典型	diǎnxíng	（形）	typical
19.	维持	wéichí	（动）	keep, maintain, preserve
20.	消耗	xiāohào	（动）	consume, use up

食物和补品名称

1.	红豆	hóngdòu	red bean
2.	菠菜	bōcài	spinach
3.	山楂	shānzhā	haw
4.	酸梅	suānméi	smoked plum, dark plum
5.	柠檬	níngméng	lemon
6.	螃蟹	pángxiè	crab
7.	甲鱼	jiǎyú	soft-shelled turtle
8.	草鱼	cǎoyú	grass carp
9.	人参	rénshēn	ginseng
10.	蜂王浆	fēngwángjiāng	royal jelly

注　释

1 进补：吃有营养的食物、药物补养身体。

2 青红皂白：比喻是非、原因等。常说“不分青红皂白”“不问青红皂白”。青、红、皂 、白都是颜色。皂：古代指黑色。

3 画蛇添足：来自一个成语故事，蛇没有脚，一个人在画好蛇后给它添上了脚。比喻做多余的事，反而不恰当。

课 文

食物趣谈

字数：565 字　　阅读时间：6 分钟　　答题时间：14 分钟

食物的凉热性

中医认为人的体质大体上可分为寒性和热性两类，食物相应的也有凉、热之分，在日常生活中可有意识地通过饮食来调节人体的平衡，以达到保健甚至防病和治病的目的。以肉类为例，羊肉性热，鸭肉性凉。有趣的是蔬菜、水果的凉、热大体上可以从颜色上区分出来：颜色淡的多为凉性，如萝卜、白菜、梨、香蕉等；颜色深的则多为热性，如红豆、菠菜、苹果等。水产类可粗略地分为：硬壳的一般为凉性的，如螃蟹、甲鱼等；其他如虾、草鱼，一般为温性的。进补的原则是：热性体质的应以凉性的食物来进补；反之，凉性体质的应以热性的食物来进补，以达到体内平衡。如果不分青红皂白，一律用人参、蜂王浆等热性营养品来进补，如果补反了，无疑等于画蛇添足，对身体有害无利。

食物的酸碱性

人的血液呈微弱碱性，若被酸性物质中和，就会使血液呈微酸性，久而久之，便可产生高血压、神经衰弱等，还会出现手脚发凉、易感冒、伤口不易愈合等慢性症状。这种症状几乎都是由于长期摄取酸性食品造成的。酸性食品口感不一定酸，如山楂、酸梅、柠檬一类的“酸果”却是典型的碱性水果。而我们一日三餐食用的大米、白面、花生、鱼类、肉类，甚至啤酒都是酸性食品。食物中酸性最强的是蛋黄，碱性最强的是菠菜。

维持体液弱碱性的方法是除停止剧烈的运动，减少能量消耗外，日常可多摄取一些碱性食物；反之，可使体液呈弱酸性。

（选自《中外书摘》，陈庆修文，有改动）

练　习

1. 根据课文第一部分内容填空：

（1）中医认为人的体质大体上可分为______和______两类。

（2）在日常生活中可有意识地通过______来调节人体的平衡。

（3）蔬菜、水果的凉、热大体上可以从______区分出来：颜色______多为凉性；颜色______则多为热性。

（4）热性体质的应以______的食物来进补；反之，凉性体质的应以______的食物来进补。

（5）如果补反了，无疑等于画蛇添足，对身体______。

2. 将下列食物按凉、热、温性质归类：

红豆　螃蟹　梨　菠菜　白菜　虾　香蕉　羊肉　鸭肉　苹果　萝卜　草鱼　人参

凉性食物：____

热性食物：____

温性食物：____

3. 选择合适的词语填空：

等于　区分　如　大体上　通过　为例　达到　不分　一律

（1）中医认为人的体质______可分为寒性和热性两类。

（2）在日常生活中可有意识地______饮食来调节人体的平衡。

（3）以肉类______，羊肉性热，鸭肉性凉。

（4）蔬菜、水果的凉、热大体上可以从颜色上______出来。

（5）颜色淡的多为凉性，______萝卜、白菜、梨、香蕉等。

（6）凉性体质的应以热性的食物来进补，以______体内平衡。

（7）不能______青红皂白，______用人参、蜂王浆等热性营养品来进补。

（8）如果补反了，无疑______画蛇添足，对身体有害无利。

4. 根据课文第二部分内容判断正误：

（1）人的正常血液应呈弱碱性。（ ）

（2）人的体液一旦呈微酸性就会得病。（ ）

（3）要想保持血液呈弱碱性，平常得注意少吃柠檬等味道酸的水果。（ ）

（4）过多食用酸性食品不利于身体健康。（ ）

（5）剧烈运动可使体液呈弱酸性。（ ）

快读部分

生 词

1.	错觉	cuòjué	（名）	wrong impression
2.	恰恰	qiàqià	（副）	just
3.	脂肪	zhīfáng	（名）	fat
4.	储存	chǔcún	（动）	lay up, store
5.	凑合	còuhe	（动）	make do
6.	丰盛	fēngshèng	（形）	plentiful, sumptuous
7.	恐惧	kǒngjù	（动）	fear
8.	糖尿病	tángniàobìng	（名）	diabetes
9.	祸根	huògēn	（名）	the root of the trouble
10.	饥饿	jī'è	（形）	hungry, starved
11.	信号	xìnhào	（名）	signal
12.	维生素	wéishēngsù	（名）	vitamin
13.	患	huàn	（动）	suffer from

14. 告诫 gàojiè （动） warn, exhort

注 释

1 误区：指较长时间形成的某种错误认识或错误做法。

2 能量代谢：新的能量代替旧的能量的过程。

3 趋于：向某个方向发展。如：

经过一段时间治疗，他的病情趋于好转。

4 经济化：这里指用较少的消耗获得较大的效果。

5 久而久之：经过了相当长的时间。后面常是经过很长时间之后的结果或后果。

6 故：所以；因此。常用于书面语。

7 以免：连词，表示目的是使下面所说的情况不至于发生。如课文里的句子：

千万不要拒绝脂肪，以免有害于健康。

课 文

"吃"的误区

字数：945 字　　阅读时间：6 分钟　　答题时间：10 分钟

认为少餐能减肥

有些人有这么一个错觉，以为少餐制既节省粮食又能减肥，实际上恰恰相反。

长期一日吃两餐的人容易发胖。因为在同等热量的条件下，一日两餐与一日三餐或四餐的人相比，其能量代谢更趋于经济化，久而久之，会使体重增加。

实行两餐制的人，由于两餐之间时间拉长，常常是饿得厉害吃得多。这样放开肚子吃，一时间消耗不了的热量就会变成脂肪储存起来，易形成肥胖。此外，即使是一日三餐，若安排不当，如早、中餐急急忙忙，简单凑合，晚餐则很丰盛，热量集中，大吃一顿，吃了就睡，也与少餐制一样，容易发胖。

国外曾报道过这样一个事实：一日少餐地区的居民，肥胖发生率比一日吃四五餐地区的居民高得多。多餐制实际上就是少量多餐制。多餐制使总的热量摄取不变或反而减少，而使消耗增加，故不易增加体重。

日常生活中可见到这样一种现象：经常吃零食而不成顿吃饭的孩子不见长肉。这种情况与少食多餐制不易增加体重的道理是一样的。

由此可见，日常安排就餐，以一日三餐或四餐制较合适。

以为不吃脂肪有益于健康

现在有些人患有“脂肪恐惧症”，对脂肪“敬而远之”，认为不吃脂肪有益于健康，实际上恰恰相反。如果完全以糖类、蔬菜、水果来代替肉食或奶制品，则糖分在体内含量过多，会使血压上升，血糖升高，从而成为高血压、糖尿病等疾病的祸根。

时下，世界各国胖人减肥，都吃那些不含脂肪的食物，食用脂肪的代用品，发达国家尤其这样。

但是，事实证明，用这种方法对减肥毫无帮助。有营养学家认为，其原因在于减肥者自己骗了自己。因为如果脂肪被热量大大减少的食物所代替，那么供给人体的热量就会达不到正常的标准，大脑就会发出饥饿信号，并采取行动——多吃，于是一种心理上的安慰产生了，因为吃的是低热量的食物，就认为多吃一些没有什么关系。这样一来，常常吃得比平时还多得多，所摄取的热量比以前吃这一点脂肪的热量还要高，这就是“吃脂肪少反而会使人发胖”的道理。

科学研究早已证明：常吃不含脂肪的食物是不利于健康的，因为某些维生素，如维生素A、维生素D、维生素E、维生素K都必须在有脂肪的条件下才能吸收和利用，否则人体就会缺乏这类维生素，而患相应的维生素缺乏病。因此，我们每天必须摄入一定量的脂肪，一般成人至少60克左右。科学家告诫人们：千万不要拒绝脂肪，以免有害于健康。

（选自《中外书摘》，杨久松文，有改动）

练　习

1. 根据课文内容选择正确答案：

（1）本文谈到的“吃”的误区不包括：

A. 少餐　　B. 不吃脂肪

C. 晚餐过于丰盛　　D. 一日多餐

（2）少餐制：

A. 只会节省粮食，但对减肥没有帮助

B. 既省粮食又能减肥

C. 不但可以减肥，而且可以节省粮食

D. 既无助于减肥，又节省不了粮食

（3）下面对于多餐制的描述哪一种是错误的？

A. 饥饿感不强，所以每次吃得少

B. 因为简单凑合，与少餐制一样也容易发胖

C. 使热量消耗增加

D. 热量不集中，不会变成脂肪储存起来

（4）吃热量低的食物会：

A. 有利于控制体重

B. 会为多吃找到借口

C. 对减肥也并非没有一点儿帮助

D. 只会有益于健康而不会利于减肥

（5）人体缺乏维生素可能是因为：

A. 吃得太多　　　　B. 营养摄取过少

C. 人体所含脂肪酸不够　　D. 人体缺乏热量

2. 根据课文内容判断正误：

（1）只要一日三餐，就不容易发胖。（　）

（2）经常吃零食的孩子反而不容易发胖。（　）

（3）如果实行多餐制就一定会使所摄取热量的总和减少。（　）

（4）不吃脂肪有利于减肥，但对健康不利。（　）

（5）不吃脂肪极易导致维生素缺乏症。（　）

（6）要想健康就得多吃脂肪。（　）

3. 解释下列句中的画线词语：

（1）有些人有这么一个错觉，以为少餐制既节省粮食又能减肥，实际上恰恰相反。

（2）一日两餐与一日三餐或四餐的人相比，其能量代谢更趋于经济化，久而久之，会使体重增加。

（3）这样放开肚子吃，一时间消耗不了的热量就会变成脂肪储存起来。

（4）即使是一日三餐，若安排不当，如早、中餐急急忙忙，简单凑合，晚餐则很丰盛……

（5）多餐制使总的热量摄取不变或反而减少，而使消耗增加，故不易增加体重。

（6）科学家告诫人们：千万不要拒绝脂肪，以免有害于健康。

生词表

A

黯淡	àndàn	(形)	10

B

百合	bǎihé	(名)	7
摆脱	bǎituō	(动)	3
拜见	bàijiàn	(动)	11
半晌	bànshǎng	(名)	9
包围	bāowéi	(动)	3
保健	bǎojiàn	(名)	12
保送	bǎosòng	(动)	10
曝光	bàoguāng	(动)	6
背景	bèijǐng	(名)	3
背诵	bèisòng	(动)	10
彼此	bǐcǐ	(代)	4
毕恭毕敬	bì gōng bì jìng		3
编辑	biānjí	(名)	10
编制	biānzhì	(动)	5
标新立异	biāo xīn lì yì		3
标志	biāozhì	(名、动)	11
别致	biézhì	(形)	3
缤纷	bīnfēn	(形)	5
濒临	bīnlín	(动)	1
博士	bóshì	(名)	6
补品	bǔpǐn	(名)	2
补贴	bǔtiē	(动、名)	8
哺育	bǔyù	(动)	1

C

才华	cáihuá	(名)	4
财经	cáijīng	(名)	2
采访	cǎifǎng	(动)	8
参与	cānyù	(动)	11
灿烂	cànlàn	(形)	1
拆	chāi	(动)	11
搀扶	chānfú	(动)	3
产业	chǎnyè	(名)	1
场合	chǎnghé	(名)	8
嘲笑	cháoxiào	(动)	1
炒股	chǎo gǔ		11
成本	chéngběn	(名)	1
呈现	chéngxiàn	(动)	6
承受	chéngshòu	(动)	8
痴迷	chīmí	(动)	4
翅膀	chìbǎng	(名)	4
重温	chóngwēn	(动)	11
瞅	chǒu	(动)	9

储存	chǔcún	（动）	12
触目惊心	chù mù jīng xīn		11
吹拂	chuīfú	（动）	6
纯真	chúnzhēn	（形）	10
辍学	chuòxué	（动）	10
辞退	cítuì	（动）	9
凑合	còuhe	（动）	12
粗略	cūlüè	（形）	12
挫折	cuòzhé	（名）	5
错觉	cuòjué	（名）	12

D

搭配	dāpèi	（动）	5
打官司	dǎ guānsi		4
打量	dǎliang	（动）	11
大体上	dàtǐshang	（副）	12
代理	dàilǐ	（动）	10
贷款	dàikuǎn	（名）	8
怠慢	dàimàn	（动）	9
担忧	dānyōu	（动）	7
耽搁	dānge	（动）	7
胆怯	dǎnqiè	（形）	9
典型	diǎnxíng	（形）	12
电工	diàngōng	（名）	6
雕塑	diāosù	（名）	7
叮咬	dīngyǎo	（动）	2
叮嘱	dīngzhǔ	（动）	9
逗	dòu	（动）	9
踱步	duó bù		6

E

恶心	ěxin	（动）	2

F

发愁	fā chóu	（动）	2
发源	fāyuán	（动）	1
反馈	fǎnkuì	（动）	3
反之	fǎnzhī	（连）	12
范文	fànwén	（名）	2
放弃	fàngqì	（动）	8
飞翔	fēixiáng	（动）	4
分辨	fēnbiàn	（动）	11
丰盛	fēngshèng	（形）	12
风华正茂	fēnghuá zhèng mào		3
风烛残年	fēng zhú cán nián		11
封锁	fēngsuǒ	（动）	6
缝纫店	féngrèndiàn	（名）	5
敷衍	fūyǎn	（动）	9
浮雕	fúdiāo	（名）	3
福利	fúlì	（名）	8

G

改编	gǎibiān	（动）	10
干脆	gāncuì	（形）	7
干裂	gānliè	（动）	9
感叹	gǎntàn	（动）	1
高超	gāochāo	（形）	6
高档	gāodàng	（形）	8

高耸入云	gāo sǒng rù yún		1
高血压	gāoxuèyā	(名)	12
告诫	gàojiè	(动)	12
耕地	gēngdì	(名)	1
公布	gōngbù	(动)	8
公民	gōngmín	(名)	4
公寓	gōngyù	(名)	8
恭恭敬敬	gōnggōngjìngjìng	(形)	10
沟通	gōutōng	(动)	2
构成	gòuchéng	(动)	1
孤寂	gūjì	(形)	10
孤零零	gūlínglíng	(形)	11
古董	gǔdǒng	(名)	3
股市	gǔshì	(名)	4
顾虑	gùlǜ	(名)	4
顾名思义	gù míng sī yì		4
乖巧	guāiqiǎo	(形)	7
观念	guānniàn	(名)	8
观赏	guānshǎng	(动)	9
官僚	guānliáo	(名)	6
光速	guāngsù	(名)	11
规模	guīmó	(名)	8

H

海拔	hǎibá	(名)	1
行情	hángqíng	(名)	4
航天	hángtiān	(名)	11
呵护	hēhù	(动)	9
和缓	héhuǎn	(形)	1
核实	héshí	(动)	6
横贯	héngguàn	(动)	1
呼叫	hūjiào	(动)	4
呼吁	hūyù	(动)	8
胡闹	húnào	(动)	7
花肥	huāféi	(名)	9
花卉	huāhuì	(名)	1
花纹	huāwén	(名)	3
花销	huāxiāo	(名)	8
花样翻新	huāyàng fānxīn		3
化妆品	huàzhuāngpǐn	(名)	8
话剧	huàjù	(名)	10
怀旧	huáijiù	(动)	11
怀疑	huáiyí	(动)	7
环绕	huánrào	(动)	1
患	huàn	(动)	12
荒唐	huāngtáng	(形)	6
婚姻	hūnyīn	(名)	9
获取	huòqǔ	(动)	4
祸根	huògēn	(名)	12
豁达	huòdá	(形)	5

J

饥饿	jī'è	(形)	12
基地	jīdì	(名)	1
激烈	jīliè	(形)	10
级别	jíbié	(名)	4
家境	jiājìng	(名)	8
艰难	jiānnán	(形)	8
监督	jiāndū	(动)	11
检讨	jiǎntǎo	(动)	6

碱性	jiǎnxìng	（名）	12
见效	jiànxiào	（动）	2
健忘	jiànwàng	（形）	6
鉴定	jiàndìng	（动）	6
讲究	jiǎngjiu	（动、形）	8
浇灌	jiāoguàn	（动）	1
接触	jiēchù	（动）	11
节省	jiéshěng	（动）	8
节制	jiézhì	（动）	8
解闷	jiě mèn	（动）	4
介意	jièyì	（动）	9
金融	jīnróng	（名）	2
经营	jīngyíng	（动）	3
精华	jīnghuá	（名）	10
警报	jǐngbào	（名）	6
竟	jìng	（副）	2
境遇	jìngyù	（名）	2
举止	jǔzhǐ	（名）	9
聚精会神	jù jīng huì shén		10
决策	juécè	（动）	5

K

开朗	kāilǎng	（形）	5
康乃馨	kāngnǎixīn	（名）	7
考察	kǎochá	（动）	1
可观	kěguān	（形）	1
克制	kèzhì	（动）	5
恐惧	kǒngjù	（动）	12
口型	kǒuxíng	（名）	10
宽裕	kuānyù	（形）	8
困境	kùnjìng	（名）	5
困扰	kùnrǎo	（动）	4
扩建	kuòjiàn	（动）	11

L

蜡烛	làzhú	（名）	6
浪漫	làngmàn	（形）	7
劳动力	láodònglì	（名）	1
老朽	lǎoxiǔ	（形）	11
老眼昏花	lǎo yǎn hūn huā		5
理论	lǐlùn	（名）	6
廉价	liánjià	（名）	1
良久	liángjiǔ	（形）	7
辽阔	liáokuò	（形）	1
伶俐	línglì	（形）	7
零食	língshí	（名）	8
领悟	lǐngwù	（动）	10
领域	lǐngyù	（名）	11
流域	liúyù	（名）	1
聋	lóng	（形）	10
录取	lùqǔ	（动）	10
轮流	lúnliú	（动）	7
逻辑	luóji	（名）	5
律师	lǜshī	（名）	4

M

漫游	mànyóu	（动）	4
盲	máng	（形）	7
盲目	mángmù	（形）	8

茫然	mángrán	（形）	11
玫瑰	méigui	（名）	7
门面	ménmian	（名）	3
猛然	měngrán	（副）	7
秘方	mìfāng	（名）	9
缅怀	miǎnhuái	（动）	6
面貌	miànmào	（名）	11
敏锐	mǐnruì	（形）	5
谋生	móushēng	（动）	10
目送	mùsòng	（动）	11

N

耐人寻味	nài rén xúnwèi		2
恼火	nǎohuǒ	（形）	9
内涵	nèihán	（名）	3
牛角	niújiǎo	（名）	5
女神	nǚshén	（名）	9
女婿	nǚxu	（名）	6

O

偶尔	ǒu'ěr	（副）	9

P

牌匾	páibiǎn	（名）	3
泡	pào	（动）	4
培育	péiyù	（动）	9
盆地	péndì	（名）	1
偏爱	piān'ài	（动）	5
品牌	pǐnpái	（名）	3
品质	pǐnzhì	（名）	1
平衡	pínghéng	（名、动）	12
评论家	pínglùnjiā	（名）	6
破灭	pòmiè	（动）	10
破损	pòsǔn	（形）	7

Q

齐全	qíquán	（形）	8
奇迹	qíjì	（名）	10
起伏	qǐfú	（动）	1
气氛	qìfēn	（名）	3
迄今	qìjīn	（动）	8
契机	qìjī	（名）	5
恰恰	qiàqià	（副）	12
签名	qiān míng	（动）	6
潜伏	qiánfú	（动）	5
强化	qiánghuà	（动）	8
强劲	qiángjìng	（形）	1
墙基	qiángjī	（名）	11
抢救	qiǎngjiù	（动）	7
亲密	qīnmì	（形）	6
清晰	qīngxī	（形）	6
情侣	qínglǚ	（名）	7
情趣	qíngqù	（名）	9
顷刻	qǐngkè	（名）	7
请教	qǐngjiào	（动）	6
庆贺	qìnghè	（动）	8
丘陵	qiūlíng	（名）	1
求教	qiújiào	（动）	6
区分	qūfēn	（动）	12

取证	qǔzhèng	（动）	6
去世	qùshì	（动）	7
趣谈	qùtán	（名）	6
群体	qúntǐ	（名）	4

R

人生观	rénshēngguān	（名）	5
忍	rěn	（动）	6
乳汁	rǔzhī	（名）	1

S

瑟瑟发抖	sèsè fādǒu		7
擅长	shàncháng	（动）	5
擅离职守	shàn lí zhíshǒu		6
伤感	shānggǎn	（形）	9
商号	shānghào	（名）	3
商情	shāngqíng	（名）	4
设施	shèshī	（名）	8
社交	shèjiāo	（名）	4
摄取	shèqǔ	（动）	12
摄影师	shèyǐngshī	（名）	3
神采	shéncǎi	（名）	9
神经衰弱	shénjīng shuāiruò		12
生怕	shēngpà	（动）	2
生气	shēngqì	（名）	7
省得	shěngde	（连）	2
失落	shīluò	（形）	11
时髦	shímáo	（形）	3
时下	shíxià	（名）	8
实惠	shíhuì	（形）	2
实力	shílì	（名）	3
事故	shìgù	（名）	7
事迹	shìjì	（名）	10
试图	shìtú	（动）	2
收支	shōuzhī	（名）	8
手电筒	shǒudiàntǒng	（名）	6
手镯	shǒuzhuó	（名）	5
首饰	shǒushì	（名）	5
水晶	shuǐjīng	（名）	5
思考	sīkǎo	（动）	2
酸性	suānxìng	（名）	12

T

太空	tàikōng	（名）	11
瘫痪	tānhuàn	（动）	10
坦率	tǎnshuài	（形）	4
探索	tànsuǒ	（动）	5
糖尿病	tángniàobìng	（名）	12
陶醉	táozuì	（动）	7
特征	tèzhēng	（名）	11
提醒	tíxǐng	（动）	6
体面	tǐmiàn	（形）	3
体现	tǐxiàn	（动）	5
体质	tǐzhì	（名）	12
天然	tiānrán	（形）	7
填报	tiánbào	（动）	2
条理	tiáolǐ	（名）	10
调节	tiáojié	（动）	12
通情达理	tōng qíng dá lǐ		5

通信	tōngxìn	（名）	11
投机	tóujī	（形）	4
投资	tóu zī	（动）	1
透露	tòulù	（动）	4
徒劳	túláo	（形）	11
推理	tuīlǐ	（动）	5
唾沫	tuòmo	（名）	9

W

顽皮	wánpí	（形）	7
挽救	wǎnjiù	（动）	9
挽留	wǎnliú	（动）	11
万一	wànyī	（连）	2
网络	wǎngluò	（名）	4
往事	wǎngshì	（名）	11
微弱	wēiruò	（形）	12
围困	wéikùn	（动）	2
唯独	wéidú	（副）	10
唯一	wéiyī	（形）	5
维持	wéichí	（动）	12
维生素	wéishēngsù	（名）	12
伪装	wěizhuāng	（动、名）	4
纬度	wěidù	（名）	1
卫士	wèishì	（名）	11
温柔	wēnróu	（形）	5
蚊虫	wénchóng	（名）	2
无动于衷	wú dòng yú zhōng		11
务实	wùshí	（形）	3

X

稀罕	xīhan	（形）	9
稀奇古怪	xīqí gǔguài		5
细节	xìjié	（名）	6
细腻	xìnì	（形）	5
显示	xiǎnshì	（动）	8
显眼	xiǎnyǎn	（形）	3
响应	xiǎngyìng	（动）	4
想象	xiǎngxiàng	（动）	11
象征	xiàngzhēng	（名、动）	3
消耗	xiāohào	（动）	12
销售额	xiāoshòu'é	（名）	3
笑盈盈	xiàoyíngyíng	（形）	9
效仿	xiàofǎng	（动）	1
欣赏	xīnshǎng	（动）	3
信号	xìnhào	（名）	12
信息	xìnxī	（名）	3
形势	xíngshì	（名）	2
修养	xiūyǎng	（名）	8
虚拟	xūnǐ	（形）	11
需求	xūqiú	（名）	8
宣布	xuānbù	（动）	10
绚丽	xuànlì	（形）	3
询问	xúnwèn	（动）	6

Y

芽	yá	（名）	9
俨然	yǎnrán	（副）	10
眼光	yǎnguāng	（名）	7
厌倦	yànjuàn	（动）	5

野生	yěshēng	(形)	1
依据	yījù	(名)	6
一律	yílǜ	(副)	4
以便	yǐbiàn	(连)	2
一尘不染	yì chén bù rǎn		7
意料	yìliào	(名)	7
意识	yìshi	(名)	5
意外	yìwài	(形)	7
意味着	yìwèizhe	(动)	8
瘾	yǐn	(名)	4
应酬	yìngchou	(名)	9
优势	yōushì	(名)	1
优雅	yōuyǎ	(形)	9
优越	yōuyuè	(形)	1
忧愁	yōuchóu	(形)	7
悠闲	yōuxián	(形)	6
诱惑	yòuhuò	(动)	4
逾越	yúyuè	(动)	10
预测	yùcè	(动)	11
预示	yùshì	(动)	3
预言	yùyán	(名、动)	11
郁郁葱葱	yùyùcōngcōng	(形)	9
愈合	yùhé	(动)	12
冤枉	yuānwang	(形)	2
悦耳	yuè'ěr	(形)	9
孕育	yùnyù	(动)	1
运作	yùnzuò	(动)	8

Z

栽培	zāipéi	(动)	9
在所不惜	zài suǒ bù xī		2
遭遇	zāoyù	(名)	10
责怪	zéguài	(动)	9
粘	zhān	(动)	4
展示	zhǎnshì	(动)	3
招牌	zhāopai	(名)	3
珍惜	zhēnxī	(动)	9
真诚	zhēnchéng	(形)	5
整洁	zhěngjié	(形)	8
整容	zhěngróng	(动、名)	11
整体	zhěngtǐ	(名)	3
证券	zhèngquàn	(名)	11
症状	zhèngzhuàng	(名)	12
脂肪	zhīfáng	(名)	12
直觉	zhíjué	(名)	5
直率	zhíshuài	(形)	4
志愿	zhìyuàn	(名)	2
制订	zhìdìng	(动)	11
质地	zhìdì	(名)	5
智慧	zhìhuì	(名)	5
中和	zhōnghé	(动)	12
中意	zhòngyì	(动)	2
咒骂	zhòumà	(动)	6
转机	zhuǎnjī	(名)	10
装点	zhuāngdiǎn	(动)	7
壮观	zhuàngguān	(形)	1
追查	zhuīchá	(动)	6
姿势	zīshì	(名)	3
自豪	zìháo	(形)	3
奏效	zòuxiào	(动)	2
作坊	zuōfang	(名)	5

部分练习参考答案

第一课

细读部分

1. 根据课文内容选择正确答案：

(1) C　(2) D　(3) A　(4) C　(5) D　(6) A

2. 用适当的词语填空：

(1) 位于　(2) 濒临　隔海相望　(3) 环绕　(4) 流淌

(5) 发源于　流入　(6) 名列　(7) 孕育　(8) 依然　浇灌　哺育

3. 词语连线：

星罗棋布的	湖泊
高耸入云的	山脉
雄伟壮观的	高原
起伏和缓的	丘陵
一望无际的	平原
群山环抱的	盆地
举世闻名的	长江
灿烂的	文化

快读部分

1. 根据课文内容选择正确答案：

(1) D　(2) A　(3) A　(4) C　(5) D

3. 选择恰当的词语填空：

(1) C　B　(2) D　D　(3) D　A　(4) B　C　(5) A　C　(6) A　C

(7) D　B

第二课

细读部分

1. 根据课文内容选择正确答案：

(1) D　(2) A　(3) A　(4) B　(5) D　(6) D

(7) D

3. 选择恰当的词语填空：

(1) D　(2) B　(3) A　(4) B　(5) B

快读部分

1. 选择最接近下列画线词语意思的解释：

(1) D (2) A (3) C (4) A (5) B (6) A
(7) B

第三课

细读部分

1. 根据课文内容选择正确答案：

(1) D (2) B (3) A (4) C (5) C (6) B

2. 选择对下列词或词组的正确解释：

(1) B (2) A (3) A (4) B (5) A (6) B
(7) A (8) B

3. 选择恰当的词语填空：

(1) A (2) C (3) C (4) C (5) B (6) C
(7) A (8) D

快读部分

1. 根据课文内容选择正确答案：

(1) D (2) B (3) D (4) D (5) D (6) A
(7) D (8) A

3. 词语填空：

(毕)恭(毕)敬 (风)(华)正茂 万事(俱)(备) 成(千)上(万)
标(新)立(异) 投其(所)(好) 难分(上)(下) 焕然(一)(新)

第四课

细读部分

1. 根据课文内容判断正误：

(1) × (2) √ (3) √ (4) × (5) √ (6) ×
(7) √ (8) × (9) √ (10) √

2. 选择下列词或词组的正确解释：

(1) B (2) A (3) A (4) A (5) B (6) A

3. 选择恰当的词语填空：

(1) C (2) A (3) C (4) A (5) D (6) B
(7) C D (8) A (9) B

快读部分

1. 根据课文内容选择正确答案：

(1) A (2) B (3) C (4) D (5) C

2. 选择恰当的词语填空：

(1) C A (2) A (3) D (4) D (5) C (6) B
(7) A C (8) A

第五课

细读部分

1. 根据课文内容判断正误：

(1) × (2) × (3) × (4) √ (5) × (6) ×
(7) × (8) √ (9) × (10) ×

2. 选择最接近下列画线词语意思的解释：

(1) B (2) A (3) A (4) C (5) A

3. 选择恰当的词语填空：

(1) B (2) C (3) D (4) A (5) B (6) A B
(7) B (8) C (9) A (10) C

快读部分

1. 根据课文内容填空：

(1) 性格 (2) 信任 (3) 绿色 (4) 黄色 (5) 紫色
(6) 棕色 (7) 黑色 (8) 蓝色 (9) 红色 绿色 (10) 白色
(11) 粉红色 (12) 蓝色 (13) 粉红色

2. 根据下列各句的内容写出合适的成语：

(1) 通情达理 (2) 善解人意 (3) 敬而远之 (4) 无微不至
(5) 华而不实

3. 选择恰当的词语填空：

(1) D (2) C (3) B (4) A (5) C (6) B A
(7) C

第六课

细读部分

1. 根据课文内容判断正误：

(1) × (2) √ (3) √ (4) × (5) × (6) ×
(7) ×

4. 选择恰当的词语填空：

(1) D C (2) A (3) A (4) B (5) C (6) A
(7) C (8) D (9) A B

快读部分

1. 根据课文(一)内容选择正确答案：

(1) D (2) D (3) C (4) C (5) A

2. 根据课文(一)内容填空：

(1) 却　(2) 则　(3) 会　扶　打　(4) 点亮　(5) 并　响

(6) 提供　就　(7) 召开

第七课

细读部分

1. 根据课文内容选择正确答案：

(1) C　(2) C　(3) C　(4) B　(5) D

3. 选择合适的词语填空：

(1) 无论　往后　(2) 再　仿佛　(3) 意料

(4) 轮流　(5) 耽搁　(6) 眼光　像

快读部分

1. 根据课文内容判断正误：

(1) ×　(2) √　(3) √　(4) ×　(5) √　(6) ×

2. 选择最接近画线词语意思的解释：

(1) A　(2) B　(3) D　(4) D　(5) B　(6) B

(7) A　(8) A

3. 词语填空并解释：

一尘(不)(染)　兴(高)采(烈)　(轻)描(淡)写　一(枝)独(秀)

有(问)必(答)　含苞(欲)(放)　触目(惊)(心)　雷打(不)(动)

瑟瑟(发)(抖)

第八课

细读部分

1. 根据课文内容选择正确答案：

(1) C　(2) B　(3) A　(4) C　(5) B　(6) D

3. 选择恰当的词语填空

(1) B　(2) A　C　(3) A　(4) C　(5) A　(6) B

快读部分

1. 根据课文内容判断正误：

(1) ×　(2) ×　(3) ×　(4) √　(5) ×　(6) ×

(7) √　(8) √

2. 根据课文内容选择正确答案：

(1) B　(2) D　(3) B　(4) C　(5) B

第九课

细读部分

3. 选择恰当的词语填空：

(1) B　(2) A　(3) C　(4) C　(5) A　(6) D
(7) C

快读部分

1. 根据课文内容判断正误：

(1) ×　(2) √　(3) √　(4) ×　(5) ×　(6) √
(7) ×

第十课

细读部分

1. 根据课文内容选择正确答案：

(1) C　(2) B　(3) B　(4) A　(5) B

2. 选择恰当的词语填空：

(1) C　(2) A　(3) B　(4) A　(5) C　(6) B
(7) A

快读部分

1. 根据课文内容选择正确答案：

(1) A　(2) B　(3) C　(4) A　(5) B

2. 根据课文内容判断正误：

(1) √　(2) ×　(3) ×　(4) ×　(5) √

第十一课

细读部分

1. 根据课文内容选择正确答案：

(1) D　(2) D　(3) B　(4) B　(5) A　(6) A

2. 选择恰当的词语填空：

(1) B　C　(2) D　A　(3) A　(4) B　(5) C　(6) C
(7) D

快读部分

1. 根据课文内容选择正确答案：

(1) A　(2) C　(3) D　(4) D　(5) C

2. 根据课文内容填空：

(1) 环保产品　明净美好　(2) 长在地里　捉迷藏　监督
(3) 拼命　通信手段　虚拟环境　娱乐与休息

(4) 倒流　足够的时间　更遥远的太空

(5) 社会的发展　想得到的东西　越来越弱　和谐　(6) 梦想　大致相同　现实　生活

3. 选择恰当的词语填空：

(1) C　(2) A　(3) C　(4) D　(5) A　(6) B

(7) A　(8) B　(9) A

第十二课

细读部分

1. 根据课文第一部分内容填空：

(1) 寒性　热性　(2) 饮食　(3) 颜色　浅的　深的

(4) 凉性　热性　(5) 有害无利

2. 将下列食物按凉、热、温性质归类：

凉性食物：螃蟹、梨、白菜、香蕉、鸭肉、萝卜

热性食物：红豆、菠菜、羊肉、苹果、人参

温性食物：虾、草鱼

3. 选择合适的词语填空：

(1) 大体上　(2) 通过　(3) 为例　(4) 区分　(5) 如

(6) 达到　(7) 不分　一律　(8) 等于

4. 根据课文第二部分内容判断正误：

(1) √　(2) ×　(3) ×　(4) √　(5) √

快读部分

1. 根据课文内容选择正确答案：

(1) D　(2) D　(3) B　(4) B　(5) C

2. 根据课文内容判断正误：

(1) ×　(2) √　(3) ×　(4) ×　(5) √　(6) ×